Von Peter Lauster sind bei Bastei Lübbe Taschenbücher lieferbar:

66377 Stark sein in Beziehungskrisen
66393 Aus ganzem Herzen leben
66379 Lebe leicht und frei

Über den Autor:
Peter Lauster studierte Psychologie, Anthropologie und Philosophie. Seit 1971 ist er in Köln freiberuflich mit eigener Praxis als Berater und Psychotherapeut tätig. Er ist Autor zahlreicher erfolgreicher Sachbücher.

Die Homepage des Autors: www.peterlauster.de

Peter Lauster

Die Liebesformel

Vom richtigen Umgang
mit Gefühlen und Konflikten

BASTEI
LÜBBE

BASTEI LÜBBE TASCHENBUCH
Band 26778

Vollständige Taschenbuchausgabe
der im Gustav Lübbe Verlag erschienenen Hardcoverausgabe

Batei Lübbe Taschenbücher und Gustav Lübbe Verlag
in der Verlagsgruppe Lübbe

© 2004 by Verlagsgruppe Lübbe GmbH & Co. KG,
Bergisch Gladbach
Textredaktion: Hans Dieter Wirtz, Mönchengladbach
Umschlaggestaltung: Bettina Reubelt
Titelbild: © mauritius images/Grafica
Satz: Druck & Grafik Siebel, Lindlar
Druck und Verarbeitung: GGP Media GmbH, Pößneck
Printed in Germany, April 2008
ISBN 978-3-404-26778-1

Sie finden uns im Internet unter
www. luebbe.de
Bitte beachten Sie auch: www.lesejury.de

Ich denke dein,
  wenn mir der Sonne Schimmer
Vom Meere strahlt;
Ich denke dein,
  wenn sich des Mondes Flimmer
In Quellen malt.

Ich bin bei dir,
  du seist auch noch so ferne,
Du bist mir nah!
Die Sonne sinkt,
  bald leuchten mir die Sterne.
O wärst du da!

Johann Wolfgang von Goethe

INHALT

VORWORT

In diesem Buch nehme ich kein Blatt vor den Mund.
Aber ich denke, das sind Sie, liebe Leserin und lieber
Leser, bereits gewohnt, sofern Sie schon einmal ein
Buch von mir gelesen haben.

Es geht um ein schwieriges Thema. Es geht um
Liebe, Partnerschaft und Beziehungen. Schwierig ist es
deshalb, weil darüber in den Medien sehr viel Verwir-
rendes berichtet wird. Das Wort »Liebe« ist das am
meisten gebrauchte, aber leider auch das Wort unserer
Sprache, welches am meisten missbraucht wird. Schon
an dieser Stelle laufen wir in die Falle der Ratio, denn:
Die gravierendste Liebesfalle ergibt sich aus dem traditionell konditionierten Beziehungsdenken.

Das klingt, so abrupt ausgesprochen, etwas abstrakt
und unverständlich. Aber deswegen habe ich dieses
Buch ja auch geschrieben, damit verständlicher wird,
was Liebe ist und – andererseits – was keine Liebe ist
(und somit in eine Sackgasse führt). Durch dieses kon-
ditionierte Denken über Liebe – was aber, wie sich zeigen wird, nichts mit Liebe gemein hat – geraten wir in
die oben erwähnte Falle.

Was ist dann Liebe? Was zeichnet sie aus, wie zeigt
sie sich – und wie unterscheidet sie sich vor allem von
dem, was nicht als Liebe bezeichnet werden kann?
Indem wir in diesem Buch diese Fragen – neben ande-

ren – erörtern, wollen wir versuchen, uns gemeinsam den Ursprüngen der Liebe zu nähern.

Wir verirren uns sehr schnell in den Fallen der Nichtliebe – suchen Freundschaft und Kameradschaft, Geborgenheit und Vertrauen, Anlehnung, Treue und Verlässlichkeit, hoffen auf eine gemeinsame Zukunft, wollen nicht allein sein. All das ist, was es bezeichnet, aber all das ist nicht Liebe, wird aber von vielen irrtümlicherweise mit »Liebe« in Verbindung gebracht, einiges sogar mit »Liebe« gleichgesetzt.

Liebe ist jenseits von all dem. Nur dort ist sie zu finden – jenseits aller Konditionierungen, in der Freiheit der Seele. Doch nur wenige trauen sich, dort hinzugehen, denn sie wollen vor allem festhalten. Liebe geschieht aber nur im Augenblick ihres Entstehens und Seins; sie ist nicht fixierbar, nicht mit der Ratio zu wollen, auch nicht zu planen, erst recht nicht als etwas anzusehen, was oktroyierten Charakter hat.

Deshalb ist das Wollen von Liebe in Beziehungen und Partnerschaften zumeist der direkte Weg in die Falle (in das Gefängnis), in dem dann ein Kampf tobt. Mit Liebe hat das dann wirklich nichts zu tun, denn es geht schließlich nur noch um die Gestaltung der Gefängnismauern. Hier stirbt die Liebe, denn es wird ihr der Sauerstoff entzogen.

Wer wirklich liebend lebt, hat alle Konditionierungen seiner Kindheit und Jugend verlassen; er kann allein sein, und er steht mit beiden Beinen in der Realität. Es geht um den Weg in diese Freiheit, denn dort ist Liebe wunderschön. Sie erscheint in diesem, einem ganz bestimmten Augenblick, und weil sich in diesem Lidschlag Freiheit offenbart, nehmen wir gleichzeitig auch Abschied, denn wir werden den Augenblick der

Schönheit nicht festhalten wollen, weil wir das gar nicht können. Auf solche Weise kann sich Liebe stets neu ereignen. Wer nur das gewesene Schöne wiederholen will, der ist verloren; ihm wird sich die Liebe entziehen, weil er gefangen ist in diesem Wiederholungswunsch. Die Liebe dagegen lebt im Augenblick, entzieht sich allen Strategien des Denkens. In einer Beziehung, in einer Partnerschaft, in einer Ehe kann sie genau deshalb leider meist nicht überleben.

In diesem Buch nähern wir uns der Liebe, um sie zu verstehen. Wenn wir in der Beziehungsfalle sind, haben wir die Liebesfalle längst verlassen, nämlich durch den Sog der Ratio – »Ich will, es soll werden!« – gelangen wir immer tiefer hinein in Streit, in Kampf, ja sogar in Hass. Eine neue Liebe soll uns dann daraus befreien. Das ist aber der falsche Ansatz. Deshalb geht es darum, den Ursprung, die Quelle der Liebe zu erforschen, um von einer Liebesfalle gar nicht erst in eine Beziehungsfalle zu geraten.

An dieser Stelle eine Anmerkung zu diesem Buch. Es werden keine Theorien dargestellt, sondern wir betrachten die Praxis, also die konkrete Realität im Liebes- und Beziehungsalltag.

Ein weiterer Hinweis: Lassen Sie sich beim Lesen des Buches nicht durch das Inhaltsverzeichnis in der Weise verleiten, indem Sie sich zunächst die Kapitel vornehmen, die Ihnen als die interessantesten erscheinen. Ein Gesamtverständnis entsteht nur, wenn Sie sich für die Kontinuität entscheiden, also das Buch Seite für Seite durchlesen. Ein sporadisches Herauspicken von Abschnitten aus dem Inhaltsverzeichnis verwirrt Sie nur.

Diesen Hinweis halte ich deshalb für angebracht,

weil sich in den letzten Jahren die Lesegewohnheiten durch das Internet verändert haben. Ständig auf der Suche nach »Links«, liest der »User« assoziativ. Dieses Buch ist in seiner Thematik aber sukzessiv aufgebaut und kann deshalb durch assoziatives, also verknüpfendes Lesen nicht wirklich verstanden werden.

Und ein letzter Hinweis: Beiträge und Fragen von Teilnehmern, die sich auf wichtige Inhalte der Thematik dieses Buches beziehen, sind im Anhang nochmals aufgeführt (»Beiträge und Fragen der Teilnehmer«).

Der Ursprung des vorliegenden Buchs liegt in einem mehrtägigen Workshop, den ich vor einiger Zeit mit interessierten Leserinnen und Lesern in der Eifel abgehalten habe.

Der Text selbst besteht vorwiegend aus Rede und Gegenrede. Aus Gründen der Lesefreundlichkeit sind nur die Passagen mit (doppelten) An- und Abführungen versehen, in denen die Teilnehmer das Wort ergreifen.

1 LIEBE UND BEZIEHUNG

WISSEN WIR, WAS LIEBE IST?

Wir sind hier zusammengekommen, um miteinander über Liebe und Beziehung, Partnerschaft und Ehe gemeinsam Gedanken auszutauschen. Dabei haben wir vereinbart, das distanzierende ›Sie‹ wegzulassen und uns bei diesen Gesprächen mit ›du‹ anzureden, um dadurch mehr Vertraulichkeit zu erreichen, obwohl es in unserer Gesellschaft sicherlich nicht üblich ist, gegenüber jemandem, den man noch nicht kennt, das ›Du‹ zu gebrauchen.

Kennen wir uns nicht? Das ist schon ein erstes Phänomen, das ich mit euch besprechen möchte, denn ich behaupte: Wir kennen uns, obgleich wir bisher noch nicht persönlich miteinander gesprochen haben. Wir kennen uns, weil wir Menschen sind, Frauen und Männer, die miteinander reden möchten. Wir sind – scheinbar – durch unser jeweiliges Geschlecht voneinander getrennt, eventuell auch durch einen so genannten Status: Die eine ist Akademikerin, die andere Künstlerin, der eine ist Handwerker, die andere ist Unternehmerin, einer ist katholisch, einer evangelisch, der nächste ist Moslem und diejenige, welche neben dir sitzt, ist vielleicht Jüdin. Eine steht politisch links, ein anderer rechts.

Und schon sind wir ganz am Anfang unserer gemeinsamen Gespräche in die Trennungen geraten.

Indem wir uns als Mann und als Frau, als Moslem, Katholik und Jude, als Unternehmer, Künstler und Handwerker, als Student und Revolutionär, als Rechter, Linker und Grüner oder wie auch immer bezeichnen, trennen wir uns vom anderen ab. Ich spreche mit jedem von euch wie mit einem Freund, nein, genauer gesagt, spreche ich zu jedem als Freund. Warum? Weil wir Menschen sind. Wenn ihr das verinnerlichen könntet, wäre das eine gute Voraussetzung für unsere Gespräche. Wir sind eine Menschheit auf diesem Globus, der für so viele Menschen leider immer kleiner und überbevölkerter wird. Aber das ist ein anderes Thema.

Wir sind hier zusammengekommen wegen unserer Konflikte, Probleme und Sorgen in unserem Alltagsleben, speziell wegen unserer Probleme, die wir bei Beziehungen und die wir mit der Liebe haben.

Vor diesem Hintergrund möchte ich etwas sehr Wichtiges am Beginn unserer gemeinsamen Gespräche und Erforschungen sagen: Ich bin nicht hier, um euch zu belehren. Ich möchte niemanden überzeugen, denn ich habe keine Botschaft zu vermitteln, die mit irgendeiner Organisation verbunden ist. Es wird für nichts Public Relations betrieben, auch nicht für meine Bücher, die ich geschrieben habe. Ihr werdet beispielsweise nicht aufgefordert, ein Buch von mir zu lesen, auch nicht angehalten, eines zu kaufen. Wir wollen jedoch gemeinsam nachforschen, was in dieser chaotischen Welt richtig und was falsch ist, und zwar nicht nach bestehenden Regeln, aufgestellt etwa von Religionsgemeinschaften, verkündet etwa von politischen Parteien, sondern allein aufgrund unseres Denkens und unseres Fühlens.

Wenn ich euch belehren wollte, dann hätte ich ein

Konzept parat, das ich ›vermitteln‹ wollte und dem dann am Schluss möglichst viele ›zustimmen‹ sollten. Da ich euch jedoch von nichts überzeugen will, wollen wir unser Zusammentreffen nicht auf solch eine Art gestalten. Es steht keine Lehre, kein Ismus, keine Interessengruppe hinter meiner Person, egal, ob ich etwas sage, egal, ob ich etwas schreibe. Letztendlich geht es darum, dass wir gemeinsam herausfinden, was wahr und was richtig ist, und dass jeder für sich selbst feststellen kann, was unwahr und was falsch ist. Ich bin also in diesem schönen Kreis der Kommunikation nicht derjenige, der euch sagt, wo es ›langgeht‹ – und auch aus euren Reihen sollte möglichst niemand versuchen, sich zu einer Autorität zu ›erheben‹, der es vorbehalten sein soll, unumstößliche ›Wahrheiten‹ von sich zu geben.

Wir wollen gemeinsam miteinander reden, gemeinsam nach der Wahrheit suchen – ähnlich wie vertraute Bekannte es tun, die sich gegenseitig öffnen, weil sie sich freundschaftlich miteinander verbunden fühlen. Auf diese Weise entsteht hoffentlich kein Bemühen darum, wer nun Recht hat und wer aus einer Diskussion als ›Sieger‹ hervorgeht. In solch eine Richtung sollten wir unsere Gedanken nicht lenken, sondern versuchen, uns in den nächsten Tagen an diesem landschaftlich so reizvollen Ort auf offene und ehrliche Weise auszutauschen. Denn wir sind als Suchende der Wahrheit zusammengekommen und wollen uns mit dem so schwierigen und uns alle bewegenden Thema Liebe auseinander setzen – jenem Thema, bei dem so viele Aspekte eine nicht unwesentliche Rolle spielen: Beziehung und Partnerschaft, Autorität und Erziehung, Eifersucht, Neid und Treue, Freiheit und Sehnsucht, Gefühle und Sensibilität, Glück, Lebensfreude und Schönheit, Meditation und Religion, Sexualität und Verlangen, Spontaneität und Rationalität, Statussymbole und Selbstwertgefühl. Das alles sind Themen, mit denen sich der Mensch ständig auseinander zu setzen hat.

Diesen Weg, den ich gerade zu skizzieren versucht habe, wollen wir in den nächsten Tagen miteinander gehen. Wir werden miteinander bestimmte Aspekte besprechen und diskutieren. Dabei solltet ihr Fragen stellen, die euch auf der Seele liegen, damit wir sie anschließend gemeinsam erörtern. Ihr werdet sehen, dass es sich dabei um Fragen handeln wird, die uns alle auf die eine oder andere Weise berühren.

Wenn ich in unseren Gesprächen länger rede als andere, hat das nichts damit zu tun, dass ich eine Art Autorität bin, die sozusagen das gewichtigste Wort haben soll. Ich sehe mich eher als eine Art Moderator und möchte die angesprochenen Themen zusammenführen, damit kein Chaos entsteht. Das nämlich kann sich sehr schnell einstellen, wenn zehn bis fünfzehn Personen zusammenkommen, um miteinander zu kommunizieren.

Vormittags oder nachmittags finden unsere gemeinsamen Gespräche statt. Nach dem Mittagessen solltet ihr Spaziergänge auf den vielen Waldwegen machen. Wer mit mir spät nachmittags oder abends ein Einzelgespräch führen möchte, entweder mit oder ohne Partner, kann einen Termin vereinbaren.

So, das waren einige Vorbemerkungen. Wer von euch möchte eine erste Frage stellen?

»Ich habe eine grundlegende Frage: Besteht ein Unterschied zwischen Liebe und Beziehung? Oder ist beides eine Einheit?«

Wir wünschen, dass beides eine Einheit sein sollte; das drückt sich in dem Wort ›Liebesbeziehung‹ aus. Aus Liebe wird eine Beziehung eingegangen; so wünscht es sich jeder. Am Anfang ist es Liebe, aus der sich dann etwas später eine Beziehung entwickelt.

Man kann aber auch eine Beziehung eingehen ohne beiderseitige Liebe. Vielleicht ist der eine Partner nur geschmeichelt und angetan von Komplimenten, vielleicht wollen beide nicht mehr alleine leben und empfinden eine Beziehung als angenehm – schließlich verspricht sie eine gewisse Geborgenheit.

Ein anderer Fall. Du liebst jemanden, aber du spürst, dass eine Beziehung mit ihm aus vielen Gründen nicht gut für dich wäre. In solch einem Fall würde Liebe dann nicht in eine Beziehung münden.

Es besteht also oft ein großer Unterschied zwischen Liebe und Beziehung, obwohl viele sich sehr wünschen, dass Liebe und Beziehung eine Einheit sein sollten. Wunsch und Wirklichkeit klaffen aber häufig auseinander; das kann man bei vielen Paaren beobachten. Deshalb sage ich ja immer wieder, wir sollten nicht theoretisieren, sondern uns selbst und andere genau beobachten. Dann sehen wir mit eigenen Augen sehr konkret, dass Liebe und Beziehung nicht zwangsläufig eine Einheit bilden. Beziehung ist uns vertrauter als Liebe. Es gibt viele Beziehungen, in denen nur einer liebt, und noch mehr Beziehungen, in denen keiner den anderen liebt, man trotzdem zusammenlebt, eine Familie bildet und gemeinsame Kinder hat.

»Warum ist das so? Warum geht die Liebe verloren? Warum gehen viele eine Beziehung ein, ohne sich wirklich zu lieben? Stecken wir dann nicht in einer Beziehungsfalle?«

Nicht wenige Menschen bauen sich ihr eigenes Gefängnis, beispielsweise dann, wenn sie eine Beziehung mit der Absicht eingehen, nicht weiter alleine zu leben, etwa dann, wenn sie meinen, der gesellschaftlichen Norm Genüge tun zu müssen: um das dreißigste Lebensjahr herum (plus/minus fünf Jahre) verheiratet zu sein und Kinder in die Welt zu setzen. Es besteht für viele ein solcher Normendruck, weshalb sich auch viele regelrecht in die Pflicht nehmen, um sich auf diese Weise gesellschaftlich einzufügen.

Früher, vor hundertfünfzig Jahren, in einer Gesellschaft, die landwirtschaftlich geprägt war, ging es oft darum, durch Eheschließungen Höfe und Felder zusammenzuführen; in solchen Fällen geriet die Ehe zu einem rein wirtschaftlichen Faktor. Aber auch heute spielt das Wirtschaftliche in einer Gemeinschaft eine wichtige Rolle: Man arbeitet gemeinsam in der eigenen Firma, baut sich eine selbstständige Existenz auf, bekommt Kinder, zieht schließlich in das eigene Haus. Das alles ist Beziehung, ist Partnerschaft, ist aber auch eine Ehe, die zu einer Gefangenschaft führen kann, zu einer Verkettung der Interessen und zu vielen Abhängigkeiten. Man sitzt in der Falle, sobald die Liebe vergeht oder sobald man feststellt, dass es nie Liebe war, weswegen man sich verbandelt hat, etwa dann, wenn man sich – wie das Leben so spielt – in jemanden verliebt, der außerhalb dieser Beziehung steht, und man feststellt, dass man erst jetzt richtig liebt – nun aber leider gebunden ist durch Haus und Kinder.

»Heißt das, dass ich nur aus wirklicher Liebe eine Beziehung eingehen sollte? Wie kann ich aber wissen, ob es Liebe ist oder nur Sympathie oder dass ich Konventionen verhaftet bin, die mir sozusagen signalisieren, dass es an der Zeit ist, jetzt eine feste Beziehung einzugehen?«

Nun nähern wir uns dem elementaren Thema Liebe. Dass die Beziehung zu einer Falle werden kann, leuchtet jedem ein – Millionen von Paaren erkennen das im Laufe ihrer Beziehung. Wissen wir, was Liebe ist? Sind wir in der Lage, Liebe zu erkennen? Schließlich: Halten wir oft für Liebe, was gar keine Liebe ist? Wenn wir etwas für Liebe halten, was keine Liebe ist, dann tappen wir in die Liebesfalle und einige Zeit danach wiederum in die Beziehungsfalle. Deshalb ist es wichtiger, Liebesfallen zu erkennen, weil sie schwieriger wahrzunehmen sind als Beziehungsfallen.

Unendlich vielen Menschen fällt es schwer, sich mit der Liebe zu befassen. Über sie wird eher selten diskutiert, weil sie verbal nicht so leicht zu beschreiben ist. Es fehlen uns die Wörter und auch der Mut, tiefer darauf einzugehen. Dagegen werden stundenlange Diskussionen geführt über Beziehungen und ihre Spielregeln. Hierüber lässt es sich leichter reden, weil die Ratio die Spielregeln des Miteinanders aufstellen kann. Die Liebe aber lässt sich mit der Ratio verbal nicht schnell greifen, und sie kann auch nicht mit dem Willen gezähmt werden.

In einer Partnerschaft können wir uns anstrengen und den Willen einsetzen, um uns an bestimmte Regeln zu halten. Das geht mit der Liebe nicht. Du kannst nicht wollen, jemanden zu lieben, und dann versuchen, dein Wollen nach bestimmten Regeln zu realisieren. Die Liebe ist eine ganz andere Dimension.

Mit dieser Liebe sollten wir uns hier befassen, auch wenn es schwierig erscheint. Das Denken hat eine Menge Unsinn über die Liebe in unseren Köpfen angesammelt. Das zu entrümpeln fällt sehr schwer, denn wir klammern uns an die konventionellen Meinungen und Denkweisen über die Liebe, weil wir glauben, sonst den Halt zu verlieren und vor einem Nichts zu stehen. Deshalb sollten wir uns dem Thema Liebe auf eine neue Weise nähern – mit frischem Blick auf das, was wirklich geschieht.

Durch unser Denken über die Liebe sind wir in eine Falle geraten. In der sitzen wir fest. Es macht vielen Angst, aus dieser Falle auszubrechen. Deshalb ist es nicht einfach, miteinander aggressionsfrei über dieses Thema zu diskutieren, denn wir müssen bereit sein, uns von vielen traditionellen Denkweisen zu trennen.

Tradition gibt Sicherheit. Angesichts dieser Tatsache lassen wir uns bereitwillig konditionieren; darauf werden wir in unseren Gesprächen immer wieder zurückkommen. Jene Konditionierungen zu hinterfragen – und sie aufzugeben – erzeugt Angst und Widerstand, weil Unsicherheit droht. Die häufige Folge: Diejenigen Personen, welche uns in diese Unsicherheit hineinführen, werden von uns verbal attackiert oder durch Trennung ›bestraft‹. Deshalb wird es nicht verwunderlich sein, wenn einige unser Zusammensein vorzeitig abbrechen und unseren Kreis verlassen werden, da sie mit dieser Verunsicherung nicht konfrontiert werden wollen. Wenn die Ängste für sie zu groß werden, werden sie gehen. Das ist okay. Jeder, der an unseren Gesprächen nicht mehr teilnehmen möchte, kann jederzeit abreisen. Es besteht keine Verpflichtung zu einer Fortsetzung, denn das höchste Gut eines jeden Einzelnen ist die Freiheit, selbst zu entscheiden, wie weit er gehen kann oder will.

An dieser Stelle und mit dieser Feststellung sollten

wir unser heutiges erstes Gespräch beenden. Morgen möchte ich mit euch darüber diskutieren, was alles keine Liebe ist, obwohl wir es für Liebe halten.

KEINE LIEBE IST …

Das Wort ›Liebe‹ ist das am meisten gebrauchte, aber leider auch das Wort unserer Sprache, welches am meisten missbraucht wird. Ich werde jetzt einmal Situationen skizzieren, die verdeutlichen sollen, dass nicht alles, was zwischen Mann und Frau oft als Liebe gesehen wird, auch Liebe ist. Der Hintergrund hierzu: Erst dann, wenn wir erkennen, was nicht Liebe ist, erst dann kann sich Liebe auch zeigen.

Noch ein Hinweis: Wenn ich das Wort ›Partner‹ gebrauche, meine ich das geschlechtsneutral, denn es ist störend, stets ›Partner beziehungsweise Partnerin‹ zu sagen und ›Partner/in‹ zu schreiben.

Ich lese nun den Text vor, und am Schluss kann ihn sich jeder als Kopie mitnehmen.

KEINE LIEBE IST …

- den anderen manipulieren, weil er so sein soll, wie man ihn sich wünscht;
- mit dem Denken abwägen: zu groß, zu klein, zu dick, zu dünn, zu alt, zu jung, zu blond, zu ungebildet, zu arm, zu reich, zu frei … und so weiter;
- sich überlegen, ob man eine Wirtschaftsgemeinschaft eingehen könnte und zusammen ein Haus bauen sollte;

- die Vor- und Nachteile des Partners mit dem Denken abwägen;
- den anderen dominieren, domestizieren, über ihn bestimmen, ihn von sich abhängig machen durch Geld, Macht, Sex und so weiter;
- den anderen gebrauchen, um *durch ihn* seinem eigenen Ego und Selbstwertgefühl zu schmeicheln;
- nicht mehr allein sein wollen, um jemanden zu haben, der stets an einen denkt;
- jemanden für die sexuelle Lust haben wollen, um Sex um des Sex willen mit ihm teilen zu können;
- sich auf Geschenke, Liebesbriefe und Blumen freuen, die dem eigenen Selbstwert (Ego) schmeicheln;
- einen Zuhörer haben, der allzeit da ist, um sich mit ihm aussprechen zu können;
- einen Mitstreiter im Alltag haben für oder gegen Religion, Politik, Kultur, Karriere, Erfolg und so weiter;
- einen Helfer (etwa einen Kreditgeber) bekommen, der einen aus einer finanziellen Notlage befreit;
- dem Elternhaus oder einem unbefriedigenden Lebensumfeld durch eine Partnerschaft entfliehen;
- einen Gesprächspartner haben, weil man sich sonst in der Gesellschaft einsam, isoliert und verloren fühlt;
- einen ›Seelenverwandten‹ haben, mit dem man sich gut versteht, weil man ›viele Gemeinsamkeiten‹ hat;
- sich selbst hingeben und unterordnen, weil ein anderer dazu bereit ist, Autorität und Verantwortung für mein Leben zu übernehmen;
- sich an vergangene schöne gemeinsame Stunden erinnern, um diese möglichst oft wiederholen zu wollen;

- den anderen in der Gesellschaft vorzeigen, um sich mit ihm zu schmücken, weil er gut aussieht, Macht hat oder berühmt ist;
- den Partner als vertrauten Freund sehen, aber keine erotischen Gefühle für ihn haben;
- den Partner als Karrieresprungbrett sehen, um beruflich oder gesellschaftlich weiterzukommen;
- vom Partner lernen wollen, also einen geistigen Profit sehen;
- von einem anderen Menschen seine volle Aufmerksamkeit genießen, weil es dem Ego schmeichelt;
- sich im täglichen Zusammensein häufig gestresst fühlen;
- sich anpassen, um Anerkennung für dieses Verhalten zu bekommen;
- eigene Wünsche und Pläne zurückstellen, um den anderen nicht zu irritieren oder zu enttäuschen;
- die eigene Meinung verschweigen, Notlügen gebrauchen, dem anderen nach dem Mund reden und sich somit sein Wohlwollen zu sichern;
- Komplimente aus taktischer Strategie heraus machen, um zu gefallen;
- den anderen mit der Ratio und dem Willen in Besitz nehmen;
- den anderen mit Komplimenten überhäufen, um ihn abhängig von dieser Bestätigung seines Ego zu machen;
- den anderen gezielt in eine Phantasiewelt einbeziehen;
- den anderen größer und bedeutsamer sehen, als er ist, weil das dem eigenen Ego schmeichelt;
- Ängste vor einer Trennung mit dem Denken entwickeln;

- auf die Meinungen von Freundinnen oder Freunden hören und sich dadurch bestätigen oder verunsichern lassen;
- nur das Gefühl von Lebendigkeit haben, wenn der Partner anwesend ist;
- sich verloren und isoliert fühlen, wenn der Partner nicht da ist;
- voller Ängste und Misstrauen sein, wenn der Partner auf Reisen ist;
- beim gemeinsamen Zusammensein das Gefühl von Beengtheit und Freiheitsverlust empfinden;
- sich beim Zusammensein häufig emotional kalt fühlen;
- sich abhängig von der Zuwendung und von Komplimenten des Partners fühlen;
- das Gefühl haben, dem Partner nicht wirklich nahe zu kommen, so, als stünde eine ›Glaswand‹ dazwischen;
- sich ärgern, sich innerlich sträuben, sich nicht trauen, die Wahrheit dieser und ähnlicher Gefühle zu äußern;
- erotisch-sexuelle Träume und Vorstellungen haben, die man dem Partner aber verschweigt;
- den Wunsch verspüren, den Partner einige Tage und Wochen nicht mehr zu sehen;
- sich unzufrieden fühlen, obwohl das Denken sagt, man sollte eigentlich zufrieden sein;
- Spannungen beim Kontakt spüren, aber sie verdrängen, um keine Missstimmung aufkommen zu lassen;
- den Partner nur noch schemenhaft wahrnehmen, ihn aber nicht mehr konkret sehen, hören und tasten wollen;

- sich an vielem stören, aber nicht darüber reden, sondern gereizt, nervös und zickig reagieren;
- sich fragen, was Liebe eigentlich ist und ob man den anderen auch wirklich liebt;
- sich bei einem Waldspaziergang allein wohler fühlen, als ihn gemeinsam mit dem Partner erleben.

Alles das ist nicht Liebe. Es werden zwar viele Partnerschaften unter dem Etikett ›Liebe‹ geschlossen, haben aber nichts mit Liebe zu tun. Und bedenkt bitte: Wenn alles, *was nicht Liebe ist,* verworfen wird, kann sich erst Liebe offenbaren. Macht euch bitte die Mühe, euch darüber Gedanken zu machen. Seid ihr – jeder für sich natürlich – danach noch bereit, die Liebe wirklich zu entdecken?

Alle erhalten jetzt diese Auflistung mit ihren knapp fünfzig Punkten in Kopie, denn wir sollten uns über jeden einzelnen Punkt Gedanken machen. – Wenn ihr möchtet, können nun Fragen gestellt werden...

»Mein Gott, so viele Aussagen darüber, was nicht Liebe ist. Mir schwirrt der Kopf. Außerdem ertappe ich mich dabei, dass etliche Punkte auf meine Partnerschaft zutreffen.«

Deshalb kann jeder die Liste als Kopie mitnehmen und nochmals in Ruhe durchlesen.

Ja, du hast völlig Recht: Es gibt so vieles in Beziehungen, das nichts mit Liebe zu tun hat, das wir aber für Liebe halten. Wenn etliche Punkte auf deine Partnerschaft zutreffen, dann lohnt es sich für dich, dir darüber weitere Gedanken zu machen.

Wir werden die einzelnen Punkte noch miteinander besprechen und diskutieren; es ist genügend Zeit dafür da. – Möchte jemand eine weitere Frage stellen?

»Ich verstehe nicht recht, warum wir mit dem Thema ›Keine Liebe ist...‹ beginnen? Mich würde viel mehr interessieren, was Liebe ist.«

Bitte etwas Geduld aufbringen: Indem wir diskutieren, was alles nicht Liebe ist, was wir aber womöglich für Liebe halten, sitzen wir in der Falle. Solange wir nicht erkennen, was keine Liebe ist, so lange können wir auch nicht erkennen, was Liebe ist. Was ich damit sagen will: Vor dem Hintergrund der Nichtliebe wird Liebe im Vordergrund sichtbar.

Es ist doch ganz einfach: Wenn mir jemand eine phantastische Geschichte erzählt, die er als wahr bezeichnet, ich sie aber nicht glauben kann, muss ich zuerst herausfiltern, was unwahr ist, um dann vielleicht zur verborgenen Wahrheit zu gelangen. Oder ein noch banaleres Beispiel: Wenn ich eine Brücke über einen Fluss bauen möchte, sollte ich alles darüber wissen, wie ich die Brücke *nicht* bauen darf, weil sie dann einzustürzen droht. Erst dieses Wissen ermöglicht es mir, nach und nach zu erkennen, wie ich die Brücke bauen sollte, damit sie hält und nicht einstürzt, wenn beispielsweise ein Auto darüber fährt.

Indem wir also das Falsche sehen, können wir das Richtige deutlicher erkennen. Wenn wir uns aber im Falschen weiterhin im Kreis drehen, kann sich das Richtige nicht zeigen. Das wiederum heißt, auf die Liebe bezogen: Solange wir in der Falle dessen verharren, was keine Liebe ist, so lange wird es uns nicht möglich sein herauszufinden, was Liebe denn nun wirklich ist.

Die meisten Menschen sitzen in dieser Falle fest. Ich denke, dass unter uns niemand ist, der die Liebe derzeit voll und ganz erlebt, denn dann hätte er wohl kein

Motiv, um hier zu sein. Er würde seine Liebe erleben und glücklich sein wollen.

»Ich bin hier so eine, die derzeit liebt. Ich bin trotzdem hier, weil ich mit dir und den anderen darüber sprechen möchte.«

Das ist wunderbar, denn dann können wir von dir viel erfahren, wenn es um die Liebe geht, die sich vor dem Hintergrund all dessen zeigt, was keine Liebe ist. Und ich hoffe, dass du uns darüber erzählst, wenn es so weit ist.

»Mich schreckt der Gedanke, dass wir in einer Falle sitzen. Ist das eine Art Gefängnis?«

Es ist ein Gefängnis. Natürlich kein Gefängnis mit Steinmauern, sondern ein Gefängnis im Kopf, also etwas, das durch das Denken verursacht wird. Durch unsere Erziehung, durch Schule und Berufsleben, durch den Einfluss der Medien sind wir manipuliert; ein noch besseres Wort dafür ist ›konditioniert‹ beziehungsweise ›programmiert‹. Leider sind wir ›in Sachen Liebe‹ falsch programmiert. Deshalb sollten wir diese Konditionierung aufdecken und rückgängig machen, sofern das möglich ist. Das herauszufinden werden wir in den nächsten Tagen versuchen.

»Sind wir wirklich alle falsch programmiert?«

Wie gesagt: Wir werden versuchen, das herauszufinden. Es geht darum, ob wir das Gefängnis des Denkens erkennen und es dann verlassen können.

»Ist damit die so genannte ›freie Liebe‹ gemeint?«

Ach, weißt du, dieser Begriff ›freie Liebe‹ ist von den Medien vorgeprägt. Unter ›freier Liebe‹ wird Polygamie verstanden, also eine sexuelle Freizügigkeit, die es erlaubt, dass jeder mit jedem nach Belieben Sex haben könnte. Wenn ich sage, Liebe und Freiheit seien eine Einheit, dann meine ich etwas anderes. Wir werden das noch genauer untersuchen müssen. Jedenfalls ist eine freie Liebe etwas ganz anderes als das, was allgemein darunter verstanden wird.

Sexualität ist ein wichtiges Thema; sie spielt eine große Rolle, weil sie in den Medien und in unserer Gesellschaft allgegenwärtig präsent ist. Sie wird unheimlich aufgeblasen, weil sie noch immer oft unterdrückt wird, nicht voll gelebt werden kann und viele deswegen sehr frustriert sind. Die Marketingabteilungen der Konsumgüterindustrie wissen, dass sich Sex gut verkauft: ›Sex sells‹. Und das wird gnadenlos ausgenutzt, um Geld zu verdienen.

›Liebe und Sexualität‹ – das ist ebenfalls ein sehr wichtiges Thema. Ist Sexualität Liebe? Bedarf Liebe der Sexualität? Ist Sexualität vielleicht ein ganz eigenständiger Bereich zwischen Mann und Frau oder Mann und Mann oder Frau und Frau? Wir sollten das gemeinsam untersuchen. Wie sind Liebe und Sexualität miteinander verzahnt? Und was bedeuten Abschied, Trennung und Sterben? Auch das ist ein wichtiges Thema, denn wo Liebe entsteht, ist der Schmerz des Liebeskummers schon vorhanden.

IST ES MÖGLICH, ZWEI MENSCHEN ZU LIEBEN?

Schön, dass du dich zu einem Einzelgespräch verabredet hast. Es ist dein Wunsch, bei diesem schönen Wetter eine Wanderung mit mir zu machen, und ich freue mich auf diese Wanderung durch die Natur, können wir doch dabei entspannt miteinander reden.

»Ich möchte ganz direkt mit meiner Frage beginnen: Kann man zwei Frauen lieben?

Ich bin seit zehn Jahren verheiratet und habe zwei Kinder, die vier und sieben Jahre alt sind, einen Jungen und ein Mädchen. Finanziell geht es uns gut; mein Job ist relativ sicher, und meine Frau, die Kinder und ich leben in einem kleinen Einfamilienhaus, das wir vor sechs Jahren gekauft haben.

Vor einem halben Jahr habe ich eine Frau kennen gelernt und mich in sie verliebt. Sie ist jetzt sozusagen meine Geliebte. Seit einigen Monaten haben wir auch Sex miteinander. Wunderbar sind aber auch unsere Gespräche. Sie erscheint mir wie eine Seelenverwandte, eine Dualseele, die ich irgendwie, so merkwürdig das klingt, schon lange kannte, ohne dass wir uns konkret persönlich kannten; sie ist mir sehr vertraut. Sie ist geschieden und hat einen Sohn und lebt als allein erziehende Mutter.«

Weiß deine Frau von dieser Liebesbeziehung?

»Nein, sie weiß davon nichts; ich habe noch nicht gewagt, ihr davon zu erzählen, denn sie ist sehr konservativ in ihrem Denken und würde sich wahrscheinlich sofort scheiden lassen. Ich fürchte mich deshalb vor den Gesprächen mit ihr, die dann auf mich zukommen würden.«

Liebst du deine Frau noch?

»Ich mag sie, denn sie ist mir sehr vertraut; ich kann mich auf sie verlassen, und sie ist eine gute Mutter unserer beiden Kinder. Wir sind ein gutes Team und haben eine harmonische Beziehung. Ich würde deshalb sagen, dass ich meine Frau liebe und wir eine gute Beziehung haben.«

Liebst du deine Geliebte?

»Die Liebe zu Silke, so heißt sie, ist auf einer anderen Ebene angesiedelt. Wir führen viele Gespräche über das Leben, die Liebe und das Sterben; mit ihr sind alle gemeinsamen Stunden sehr romantisch.«

Waren die Stunden mit deiner Frau, als ihr euch kennen lerntet, auch romantisch?

»Damals war es auch romantisch, aber das hat natürlich in der Ehe leider nachgelassen. Unsere beiden Kinder sind dann hinzugekommen und meine verstärkten beruflichen Anstrengungen, Karriere zu machen. Der Alltag hat die Romantik irgendwie weggewischt.«

Schau, genauso könnte es mit deiner Geliebten Silke verlaufen, wenn ihr zusammenziehen und heiraten würdet und sie vielleicht auch ein Kind von dir bekäme. Dann würde alles in ähnliche Gleise hineinlaufen – und in drei, fünf oder zehn Jahren würdest du wahrscheinlich wieder eine Geliebte haben. So dreht sich alles im Kreis, in einer Endlosschleife.

Wahrscheinlich geht es gar nicht um die Frage, ob du zwei Frauen lieben kannst, denn zu deiner Frau ist die Liebe erkaltet; du liebst sie nicht mehr. Es ist bezeichnend: Du sagtest, dass du sie magst. Mögen ist keine Liebe. Und du sagtest auch, dass ihr ein gutes Team seid. Um ein gutes Team zu sein, braucht man nicht unbedingt Liebe. Ihr habt mittlerweile nach zehn Ehejahren ein kameradschaftliches Verhältnis zueinander; jeder kann sich auf den anderen verlassen. Das ist alles ja durchaus positiv zu sehen. Aber ist es Liebe? Derzeit liebst du Silke statt deiner Frau. Also geht es gar nicht um die Frage, ob du zwei Frauen gleichzeitig lieben kannst. Du liebst, wenn überhaupt, nur eine, nämlich Silke. Und ich denke, sie möchte, dass du dich von deiner Frau scheiden lässt, um mit ihr eine neue Partnerschaft einzugehen.

»So ist es. Sie macht in den letzten Wochen mehr und mehr Druck, dass ich mich für sie entscheiden soll.«

Das bedeutet, dass Silke Liebe, Partnerschaft und letztlich auch Ehe eng miteinander verknüpft – und das Endziel soll die Ehe sein. Das führt dich in eine Schleife: Das alte Muster wird letztlich fortgesetzt, und du wirst dich im Kreis drehen. Also bleibst du in der Falle sitzen, in der die Liebe erneut erkalten wird.

Einen anderen Gesichtspunkt sollten wir auch betrachten: Du bist Vater von zwei Kindern. Damit hast du eine Verantwortung übernommen, die nicht aus der Welt zu schaffen ist. Du bleibst bis zu deinem Tod der Vater dieser zwei Kinder, auch wenn das Sorgerecht der Mutter zugesprochen würde. Ich will damit sagen, dass du nie mehr gänzlich so frei sein wirst wie ein junger Mann, der noch keine Kinder hat. Hinzu kommt, dass du deine Kinder sicherlich liebst, eben weil sie deine Kinder sind. Du fühlst dich für sie verantwortlich und möchtest ihr Bestes.

»Willst du damit sagen, dass ich mich der Kinder wegen nicht von meiner Frau scheiden lassen sollte?«

Wie du sagst, magst du deine Frau. Es besteht kein Grund, sich von ihr zu trennen, weil sie ja nicht ständig mit dir streitet, dich kritisiert und kränkt. Ihr seid ein gutes Team und wollt als Eltern das Allerbeste für eure Kinder. So ist es doch, oder?

Der Haken liegt nur darin, dass du deine Ehefrau nicht liebst, sondern jetzt Silke liebst, die du in einigen Jahren nicht mehr lieben wirst.

Ich steuere auf etwas ganz Bestimmtes zu: Das eigentliche Problem liegt darin, dass wir als Mann und Frau die Liebe verlieren, sofern sie am Anfang tatsächlich einmal da war, denn sehr oft glaubte man zu lieben, verliebt zu sein, aber das, was damals war, war eigentlich auch keine Liebe. Und etwas, das gar nicht vorhanden war, kann sich auch nicht zurückziehen oder erkalten. Ich weise nur darauf hin. Das zu überprüfen kannst nur du selbst, denn du bist dir am nächsten. Du solltest das herausfinden, um zu fühlen, was Liebe für dich einmal war und was sie jetzt ist.

»Was ist Liebe? Ich kann es selbst nicht mehr richtig beurteilen.«

Dann ist es wichtig und notwendig, Abstand zu gewinnen, um einen klaren Blick auf alles zu bekommen.

Wir gehen hier jetzt schon lange diesen Waldweg. Lass uns den Weg einmal verlassen und links unten zu der Wiese gehen, durch welche der kleine Bach fließt. Dort setzen wir uns ins Gras und hören dem gurgelnden Plätschern des Wassers zu, betrachten die Wolken am Himmel und sehen vielleicht einige Käfer und Schmetterlinge vorbeifliegen. Wir schweigen dann gemeinsam, schauen und lauschen nur auf den Wind und die Stimmen der Vögel. So kommt das Denken mehr und mehr zur Ruhe, denn mit dem Denken kommt man der Liebe nicht wirklich näher, denn Denken ist der Liebe fremd.

»Das Schweigen hat mir gut getan. Es ist schon lange her, dass ich einmal eine halbe Stunde an einem Bach saß und in das dahinfließende Wasser schaute. Ich glaube, es war als Kind... Jetzt hat mich ein Glückshauch meiner Kindheit gestreift.«

Das hast du treffend ausgedrückt: Aus der Erinnerung hat dich ein Hauch aus deiner Kindheit gestreift. Ist es vielleicht sogar so, dass gerade ein Hauch der Gegenwart, dieser Präsenz im Jetzt, im Sein, deine Erinnerung an die Kindheit gestreift hat? Schön ist das. Wir waren als Kind, sofern wir eine glückliche, freie und unbeschwerte Kindheit hatten, viel näher am Leben, an der Gegenwart des Seins. Was aber hat uns davon weggebracht? Das Denken, die Ratio, welche plant, rechnet, urteilt und richtet. Ist es nicht so? Wir haben uns als Mensch, bestehend aus Körper, Seele und Geist, von der Ratio dominieren lassen. Deshalb sage ich immer wieder: Der Verstand ist ein schlechter Herr; er ist nur ein guter Diener. Fazit: Wir lassen uns von einem schlechten Herrn beherrschen.

Nun ist deine Seele wieder zum Vorschein gekommen. Du hast geschaut, gehört, das Gras getastet, in das kalte Wasser des Bachs deine Hand gehalten. Jetzt hast du wieder Seele und Natur miteinander geerdet – wie damals als Kind. Dort ist der Ursprung der Liebe.

Ich weiß nicht, ob ich mich für dich verständlich ausdrücke. Als Kind warst du mit deinen Sinnen präsent; der Verstand trat zurück. Seit vielen Jahren bist du als Erwachsener vor allem mit dem Verstand präsent, und deine Sinne wie auch deine Seele treten zurück. Heute, jetzt wurde dir das durch die Erinnerung bewusster, weil dich aus der Gegenwart heraus eine Erinnerung an deine Kindheit gestreift hat.

Es geht also um ein konkretes Leben mit allen Sinnen, um Aufmerksamkeit, Achtsamkeit und Wachheit. Ein Leben im Verstand bedeutet, tagaus, tagein mit dem Diener verbunden zu sein und dein Leben mit ihm zu teilen. Du bist aber mehr; du bist erst dann ganz und vollständig, wenn deine Seele wieder Raum gewinnt. Das ist gerade geschehen: Du hast deine Seele geöffnet. Dann fühlen wir, was es mit der Liebe auf sich hat; wir verlassen alles Theoretisieren und Analysieren.

Ähnlich war und ist es mit Silke. Du hast sie mit deinen Sinnen wahrgenommen; so kam es zu dieser schönen Verbindung. Deine Frau dagegen war und ist nur noch in deinem Denken präsent. Das sollte noch viel genauer erklärt werden, um es wirklich zu verstehen.

Wir müssen jetzt aber aufbrechen und zum Hotel zurückgehen, denn am Horizont ziehen dunkle Wolken herauf... Es könnte ein Gewitter kommen.

2 DER SOG DER FALLE

WÜNSCHE UND VORSTELLUNGEN

In allen auf unserer Liste aufgeführten Kriterien, die nur vermeintlich mit Liebe zu tun haben, haben sich wohl die meisten von uns mehr oder weniger verstrickt. Ihr habt sicherlich diese Liste nochmals durchgelesen, und wir können jetzt darüber diskutieren. Stellt also eure Fragen, falls welche entstanden sein sollten.

»Ich bin schon über den ersten Punkt gestolpert: ›Keine Liebe ist, den anderen zu manipulieren, weil er so sein soll, wie man ihn sich wünscht.‹ Das würde aber doch bedeuten, dass man keine Wünsche haben sollte und der andere machen kann, was er will.«

Wir sind voll gestopft mit Wünschen, mit Vorstellungen, wie wir unser Leben gestalten wollen, wie die Partnerschaft verlaufen müsste, wie sich der Partner verhalten soll, damit wir mit ihm zufrieden sind. Statt ›Wünsche‹ kann man auch das Wort ›Erwartungen‹ verwenden. Was erwarten wir nicht alles? Es lohnt sich für jeden von euch, seine Wünsche und Erwartungen einmal schriftlich aufzulisten. Das wird eine lange Liste, denn wir erwarten von einer Beziehung beziehungsweise einer Partnerschaft sehr viel.

Was hat das mit Liebe zu tun? Liebe ist doch damals, als sie sich ereignete, auf einer anderen Ebene entstanden: Wir waren glücklich darüber, dem anderen Menschen zu begegnen und uns in ihn zu verlieben.

Die Liebe war in diesen Anfängen sich selbst genug. Deshalb sage ich immer wieder: Nicht die Liebe ist das Problem, sofern wir sie tatsächlich erleben, ohne uns dabei etwas vorzumachen, sondern die daraus resultierende Beziehung beziehungsweise Partnerschaft ist das Problem.

In der Phase der Liebe sind wir vollkommen damit zufrieden, ja glücklich, dass der andere so ist, wie er ist. Wir lieben ihn gerade deshalb, weil er so ist, wie er ist. Warum? Weil wir ihn mit neuen, frischen Augen wahrnehmen und ihn mit unserer Seele, unseren Gefühlen voll und ganz erfassen. Wenn das nicht so wäre, dann handelte es sich um eine Bekanntschaft, nicht um eine Liebe.

Nach einiger Zeit, manchmal früher, manchmal später, mischt sich dann das Denken ein: Was kann daraus werden? Diese Frage wird nicht aus der Liebe geboren; sie kommt aus der Ratio. Dort sind unsere Erwartungen abgespeichert. Wir beginnen den geliebten Menschen daraufhin zu überprüfen, inwieweit er unsere eigenen Erwartungen an die Partnerschaft erfüllen und befriedigen kann.

In dieser Phase neigt man dazu, diese Wünsche und Erwartungen in den anderen hineinzuprojizieren; man versucht in ihm das zu sehen, was man sich zu sehen wünscht. So entwickelt das Denken ein Persönlichkeitsbild, das der inneren Wunschvorstellung entspricht; das führt dann dazu, dass man nicht mehr klar wahrnimmt, sondern das sieht, was man sehen will, und das übergeht, was man nicht sehen möchte. So betrügt man sich selbst. Das ist dann schon der Anfang einer Selbsttäuschung, die später zur Enttäuschung führt. Es ist der Beginn eines Prozesses, in dem man nicht mehr liebend lebendig ist, sondern die Liebe allmählich verliert. Ja ... schon so früh beginnt das, wenn man nicht wachsam ist.

Daraus erwächst dann alles Nachfolgende, was Liebe ignoriert und sie zerstört. Man beginnt damit, den anderen manipulieren zu wollen, dahin, wo man ihn haben will, dahin nämlich, wie er sein sollte, wie man ihn sich wünscht. Das beginnt sehr subtil mit vielen ›gut gemeinten‹ Ratschlägen an ihn, sich so oder so zu kleiden, sich in dieser oder jener Weise zu verhalten, zu benehmen, zu reden, zu denken, zu hoffen, zu glauben, zu verstehen ...

Man beginnt so den anderen zu manipulieren, damit er dem Bild entsprechen soll, das man sich von ihm gemacht hat oder in Zukunft machen möchte.

Ist das verständlich, was ich sage? Ich sehe in einige ratlose und gelangweilte Gesichter.

»Das kommt mir so abstrakt vor, analytisch und nicht lebendig genug.«

Das ist nicht abstrakt, denn das geschieht konkret so. Es wird nichts theoretisch analysiert, sondern nur beschrieben, wie das Ganze abläuft. Eine Beschreibung ist keine Abstraktion, denn jeder kann für sich selbst nachprüfen, wie es mit seiner Liebe war beziehungsweise ist.

Analyse heißt, etwas zu zergliedern, also in seine Teile zu zerlegen; deshalb ist für mich das Wort ›Synthese‹ treffender. Ich möchte mit euch die Einzelteile zusammenfügen, damit wir wieder das Ganze sehen können. Das Ganze ist die Liebe. Unser Denken mit seinen Wünschen und Erwartungen zergliedert aber die Liebe in Einzelteile: Wir suchen uns Facetten heraus und analysieren jede einzelne dieser Facetten und stellen Überlegungen an, welche Facette sich wie zu entwickeln hat. Das geht aber mit der Liebe nicht. Die Liebe entfaltet sich nur im Sein; sie ist ganz, ist achtsam in der Gegenwart.

Das Denken dagegen, das häufig dann einsetzt, sobald es darum geht, ›ob daraus etwas werden kann‹, legt zahlreiche Maßstäbe an und ›zergliedert‹ somit die geliebte Person regelrecht. Auf diese Weise geraten wir in die Beziehungsfalle, in der die Liebe stirbt.

Es beginnt also damit, indem wir den anderen zu manipulieren versuchen. Was geschieht dann? Er lässt es sich vielleicht zunächst einmal gefallen und gibt sich sehr viel Mühe, dem ihm verordneten Bild zu entsprechen – oder er wehrt sich gegen solche Manipulationsversuche, indem er streitet, sich verteidigt und rechtfertigt, weil er sich in seiner Persönlichkeit eingeschränkt fühlt. Ist das etwa abstrakt? Wohl kaum, denn das geschieht millionenfach in Partnerschaften und Ehen! Es kommt dann ganz konkret zum Streit. Und die Folge ist sehr oft die Trennung.

Die Ehescheidungszahlen steigen Jahr für Jahr weiter an. Das geschieht ganz konkret, nicht theoretisch, nicht analytisch. Wenn ihr euch in eurem Bekanntenkreis umschaut, dann wird es euch leicht fallen, die Abläufe, die ich soeben beschrieben habe, zu beobachten und nachzuvollziehen. Und was seht ihr konkret? Die Beziehungen und Ehen sind angespannt, und wenn ihr genau hinschaut, könnt ihr die Frustrationen in den Gesichtern und Gesten sehen. Konflikte dieser Art werden somit nur durch aufmerksames Betrachten sichtbar, nicht durch abstraktes, analytisches Nachdenken. Die Ratio ist hier ein schlechter Ratgeber, denn sie führt weg von der konkreten Realität.

Deshalb sage ich unbeirrt: Es hat nichts mit Liebe zu tun, den anderen manipulieren zu wollen, weil er so sein soll, wie man ihn sich wünscht. Sobald man das versucht – und Millionen von Männern und Frauen versuchen das Tag für Tag –, entfernt man sich von der Liebe. Sie stirbt an ›Sauerstoffentzug‹.

»Was ist denn der Sauerstoff, der eine Liebe am Leben erhält?«

Der Sauerstoff ist die Gegenwart, ist die Präsenz im aktuellen Sein, geprägt von Herz und Seele. Wenn dir diese Präsenz verloren geht, dann ist deine Liebe verloren, weil dann die Ratio die Oberhand gewinnt. Ohne den Sauerstoff solcher Freiheit stirbt die Liebe ab; sie welkt dahin. Das ist nicht meine persönliche Meinung, sondern hier handelt es sich um eine Tatsache.

Die persönliche Meinung, die subjektive Sicht der Dinge – genau daran ›orientieren‹ sich die vielen Liebespaare, die nach dem Erleben ihrer Leidenschaft projizieren, manipulieren, intrigieren, verdrängen, mobben und ihren Willen einsetzen, also kämpfen. Liebe ist aber jenseits davon; sie ist kein Kampf, denn sie entsteht in Freiheit. Die nachfolgenden Erwartungen und Wünsche, die manipulieren wollen, führen in die Unfreiheit und zum Sterben der Liebe. Es geschieht vielleicht ein kurzes Aufleben in der Beziehung, aber sie wird nicht glücklich verlaufen, weil sich die Liebe zurückgezogen hat. Und daraus folgen alle anderen dramatischen Entwicklungen wie Eifersucht, Seitensprung, Streit und Hass – manchmal sogar ein Hass, der zum Mord führt.

Am Nachmittag hatte ich ein Gespräch mit einer jungen Frau. Sie hatte die Unterredung gesucht, weil ihre Beziehungen stets problematisch verliefen. Da sie für das Gespräch Ruhe brauchte und ihr eine Wanderung nicht zusagte, hatten wir einen stillen Raum aufgesucht. Sie war hübsch, war nach der neuesten Mode gekleidet und mit dezentem Make-up geschminkt. Das Gespräch begann sie mit der Schilderung ihrer derzeitigen Situation ...

»Ich bin jetzt achtundzwanzig Jahre alt und habe schon viele Beziehungen hinter mir. Von meinem letzten Partner habe ich mich vor vier Monaten getrennt. Alle Beziehungstrennungen sind bisher von mir ausgegangen, weil ich das Gefühl hatte, dass ich nicht wirklich liebe. Gegenliebe habe ich meist in ausreichendem Maß erhalten, aber ich konnte sie nie so erwidern, wie es meine Partner von mir erwarteten oder erhofften.

Bin ich möglicherweise nicht liebesfähig? Beziehungsfähig bin ich wohl schon, denn ich habe mit meinen Partnern immer in einer Wohngemeinschaft zusammengelebt.

Nach einiger Zeit aber trat bei mir Langeweile auf, weil ich zu wenig geliebt habe. Verliebt war ich anfänglich schon, aber dann hat sich dieses Gefühl im Zusammenleben wieder verflüchtigt. Ich bin dann mit Freundinnen ausgegangen und habe mit anderen Männern geflirtet. Das gibt mir dann immer wieder ein gutes Lebensgefühl. Ich wünsche mir aber, konstant sein zu können, Liebe zu empfinden, sodass ich treu sein kann und nicht jedes Jahr eine neue Beziehung beginne. Ich möchte mich viel besser selbst verstehen. Was ist mit mir los? Läuft da etwas falsch?«

Du hast ein ganzes Bündel Fragen gestellt. Die Kernfrage ist, ob du liebesfähig bist und ob etwas falsch läuft, sofern du nicht liebesfähig bist. Du sagtest auch, dass deine Trennungen immer von dir ausgegangen sind, wenn du dich in einer Beziehung gelangweilt hast, obwohl dir Liebe entgegengebracht wurde.

Du bist eine attraktive Frau und unterstreichst das durch modische Kleidung und dein Make-up. Du möchtest, dass das von anderen wahrgenommen wird und Männer mit dir flirten und sich für dich interessieren. Wenn sie das dann signalisieren, lässt du dich auf einen Flirt ein, sie verlieben sich in dich, und wenn sie dir sympathisch sind, verliebst du dich auch ein bisschen in sie. Der ganze Vorgang ist für dich spannend und angenehm; du erhältst Komplimente, Blumen, Anrufe, E-Mails und SMS-Mitteilungen; du fühlst dich dann im Mittelpunkt des Interesses eines Mannes und genießt das. Es hebt dein Selbstwertgefühl und vermittelt dir Selbstbestätigung.

Damit will ich dir nicht sagen, dass du dennoch ein mangelndes Selbstbewusstsein hättest, denn du bist dir deiner positiven Ausstrahlung ja voll bewusst, du willst also wahrscheinlich nichts kompensieren. Ist das richtig?

»Also, zu Minderwertigkeitskomplexen neige ich nicht, sofern du das meinst. Meine Kindheit und meine Jugend verliefen glücklich. In der Schule hatte ich keine schlechten Noten, und im Beruf wird meine Leistung anerkannt; ich brauche also nichts zu kompensieren. Aber das mit der Selbstbestätigung ist wohl richtig: Es gibt mir Energie, wenn ich von Männern diese Bestätigung von Zuneigung und Liebe erhalte. Was mich aber stört, ist, dass ich offenbar selbst zu wenig eigene Liebe aufbringe, um mich mit einem Mann auf Dauer zu beschäftigen. Entsteht vielleicht, weil ich nicht voll und ganz liebe, bei mir eine gewisse Langeweile und das Bedürfnis nach einem neuen Flirt und dem nächsten Versuch?«

Selbstbestätigung ist angenehm. Wir freuen uns alle über Lob und ärgern uns über Kritik. Sollte man aber nicht davon frei werden, also unabhängig sein, und zwar sowohl von Lob als auch von Tadel? Was würde das dann bedeuten? Ein Lob wäre dann keine Selbstbestätigung und ein Tadel keine Kränkung. Wir wären dann frei, die Motive des Lobenden und Tadelnden zu sehen. Geliebt zu werden ist eine Art Lob. Nicht geliebt zu werden scheint eine Kritik an unserer Person zu sein. Die meisten Menschen streben danach, geliebt zu werden, um Selbstbestätigung zu erhalten; viele sind sogar süchtig danach.

Nur wenige Menschen können Liebe geben, ohne Gegenliebe zu erwarten, denn das fällt allen offenbar sehr schwer. Deshalb sehe ich, dass die meisten Menschen zu vorsichtig mit ihrer Liebe umgehen, denn sie schauen immer lauernd darauf, was sie zurückbekommen, damit sie sich ja nichts vergeben. Die Angst, sich etwas zu vergeben, ist sehr groß. Manche sprechen auch davon, dass sie in einen Partner ›Gefühle investiert‹ hätten und jetzt enttäuscht seien, weil sich diese Investition offenbar nicht gelohnt habe. So ist Liebe zu einer Art materiellem Gegenstand geworden, den man gibt und für den man einen entsprechenden Gegenwert zurückerwartet oder sogar fordert.

Ist zu lieben nicht aber ein Geschenk, welches das Leben an uns macht und welches wir freizügig weitergeben sollten? Ein Schenkender erfreut sich am Schenken. Die meisten von uns erwarten jedoch, nachdem sie etwas geschenkt haben, ein Gegengeschenk. Aber dann war doch das Geschenk nicht viel wert, denn es kam aus dem Kopf und nicht aus dem Herzen!

In der Vergangenheit wurdest du reichlich mit Liebe beschenkt von Männern, die dann ein Gegengeschenk erwarteten. Sie wollten, dass du sie auch liebst und ihnen treu bist, dich nicht von ihnen trennst, weil dich das Geschenk binden sollte.

»So war es. Es wurde von mir immer Gegenliebe erwartet. Doch die konnte ich nicht in der Größe zurückgeben, in der sie von mir erwartet wurde. Meine Selbstbestätigung habe ich zwar erhalten, sie hat mir auch gut getan, aber aus solcher Selbstbestätigung entstand und entsteht bei mir keine Liebe.«

Du hast gerade etwas sehr Wichtiges gesagt: Aus Selbstbestätigung entsteht keine Liebe – sie tut zwar gut, aber sie ist kein Schlüssel zum Selbstlieben. Liebe sollte in dir nicht entstehen als Reaktion auf Komplimente, Lob und Anerkennung. Richte deine Aufmerksamkeit deshalb weniger darauf, wie du auf andere wirkst, sondern vermehrt darauf, wie andere auf dich wirken. Du hast dich bisher gerne lieben lassen, weil das dein Selbstwertgefühl steigerte, aber du hast noch nicht darauf geachtet, wie es sich anfühlt, wenn du selbst liebst. Du warst gefangen in der Strategie, deine eigene Wirkung auf Männer zu entfalten. Das ist auf Dauer problematisch, denn du kannst abhängig davon werden, dich in Szene zu setzen, um geliebt zu werden. So verrennst du dich aber auf die Dauer. Entdecke, selbst zu lieben, entdecke, was Liebe wirklich ist und wie sie dein Leben bereichert.

Es wäre bestimmt besser gewesen, wenn wir bei diesem schönen Wetter runter zum See gewandert wären. Uns steht diese ursprüngliche Landschaft praktisch zur Verfügung – eine Landschaft, die noch nicht von Straßen, Häusern, Hotels und der Hektik der Menschen gestört ist. – Zu lieben ist etwas Elementares und sehr Wichtiges für die seelische und körperliche Gesundheit. Zu lieben in der Natur bedarf keiner Resonanz, also keiner Selbstbestätigung.

Zwischen Mann und Frau ist ein Riss eingetreten; beide sind auf Selbstbestätigung aus. Es ist ein Kampf um Anerkennung, um Attraktivität und Liebesbeweise. Kann auf solch einem Terrain Liebe entstehen? Selbstbestätigung ja. Es gibt in diesem Spiel Sieger und Verlierer. Weder der Sieger hat die Liebe gewonnen noch der Verlierer die Liebe verloren. Selbst zu lieben ist keine ›Investition von Gefühlen‹. Diese Gefühle zu haben – dieses Geschenk in dir selbst hast du bisher vermisst. Du bist auf dem Weg zu lieben und brauchst keine Selbstbestätigung mehr.

»Das habe ich jetzt noch nicht so ganz verstanden.«

Da du bisher noch keinen Mann, mit dem du in einer Beziehung gelebt hast, geliebt hast, sondern nur die Selbstbestätigung genossen hast, steht dir das Erlebnis zu lieben noch bevor. Es ist doch spannend, das zu erforschen...

WENN DIE LIEBE
AUFGESPALTET WIRD ...

Ich schlage vor, wir diskutieren heute über das Denken
im Zusammenhang mit der Liebe. Es handelt sich bei
dem Papier, das euch allen vorliegt, um etliche Aussagen, die mit falschen Vorstellungen von der Liebe auf-
räumen. Drei sehr wichtige Aussagen sollten wir einmal näher unter die Lupe nehmen. Die erste: ›Keine
Liebe ist ... mit dem Denken abwägen: zu groß, zu
klein, zu dick, zu dünn, zu alt, zu jung, zu blond, zu
ungebildet, zu arm, zu reich, zu frei ... und so weiter.‹
Die zweite: ›Keine Liebe ist ... sich überlegen, ob man
eine Wirtschaftsgemeinschaft eingehen könnte und
zusammen ein Haus bauen sollte.‹ Und die dritte:
›Keine Liebe ist ... die Vor- und Nachteile des Partners
mit dem Denken abwägen.‹
Ihr wisst es selbst: Die meisten setzen das Denken
ein, wenn sie jemanden kennen gelernt haben, in den
sie sich verliebten. Zunächst einmal reagieren die
Menschen des sozialen Umfelds auf die neue Beziehung beziehungsweise den neuen Partner. Das geschieht natürlich mit dem Denken. Die Ratio wertet
und bewertet, urteilt und beurteilt beziehungsweise
verurteilt. Es ist leider ein aktuelles soziales Phänomen, dass in dieser Phase mehr getadelt und kritisiert
wird als gelobt. Das hat vor allem damit zu tun, dass
Kritik als ›intelligenter‹ empfunden wird, als dies Lob
und Anerkennung tun.
Das soziale Umfeld wertet und kategorisiert. Ihr
kennt das alle, wenn eine neue Person als Liebespartner vorgestellt wird: Der/die ist zu groß, zu klein, zu
dick, zu dünn, zu alt, zu jung, zu blond, zu ungebildet,

zu arm, zu reich... irgendein Haar in der Suppe wird immer gefunden. Jeder findet ein anderes Haar. Wenn wir auf die Meinungen der anderen hören und dem Bedeutung beimessen, wird auch unser eigenes Denken belastet. Ist er/sie wirklich zu alt oder zu jung für mich? Sollte sie größer sein? Sollte er gebildeter sein? Das wertende Denken beschäftigt sich mit diesen ›Ratschlägen‹.

Vor diesem Hintergrund ist es ratsam, seinen neuen Partner – und somit seine neue Liebe – nicht zu schnell beziehungsweise zu voreilig dem persönlichen sozialen Umfeld zu präsentieren, da solche Wertungen einfach nicht ausbleiben, obwohl sie im Grunde keine Bedeutung für dein Gefühl haben, denn Liebe ist jenseits von Lob und Tadel anderer. Dennoch sollte jeder für sich selbst prüfen, wie beeinflussbar und wie abhängig er ist von der Meinung anderer. Die Liebe selbst geschieht nicht in der Dimension des Denkens; sie entfaltet sich auf der seelischen Ebene und berührt deine Erotik und deine Sexualität. Das kannst nur du allein selbst erfahren; kein anderer hat dazu einen Zugang. Es ist deshalb fatal, sich von anderen zu Gedanken in dieser Art anstacheln zu lassen. – Ist das verständlich?

Wir wurden von Kindheit und Jugend an mit Wertmeinungen regelrecht ›angefüllt‹. Deshalb beginnt sich dieses alte Denken einzumischen, selbst wenn wir nicht mit Meinungen aus dem ehemaligen sozialen Umfeld konfrontiert werden. Wir haben traditionelle Meinungen in unser Über-Ich übernommen; diese werden aktiv, manchmal früher, manchmal später – und irgendwann beginnen wir selbst ein Haar in der Suppe zu suchen... und zu finden. Das geschieht vor allem dann, wenn aus Liebe eine Beziehung werden soll.

Spätestens zu diesem Zeitpunkt werden die Vor- und Nachteile unseres Partners mit dem Denken analysiert und wertend abgewogen. Das aber hat mit Liebe nichts zu tun.

»Ich verstehe, dass man sich nicht abhängig machen sollte von der Meinung des sozialen Umfelds, auch von den Ansichten guter Freunde, wenn es um die Liebe geht. Aber warum sollte es falsch sein, die Liebe mit dem Denken zu überprüfen, also die Vor- und Nachteile abzuwägen?«

Bitte schau genau hin: Liebe ist stets, was sie ist; sie selbst hat keine Vor- und Nachteile. Wenn du liebst, dann fühlst du dich einheitlich; es gibt keine Aufspaltung. Das seelische Erleben ist etwas, das in der Gegenwart wahr und richtig ist. Nun aber tritt leider der analytische Verstand hinzu. Das Denken trennt sich von deinem Gefühl und spaltet auf in die Vor- und Nachteile deines Erlebens. Die Liebe an sich – ich sage es nochmals – hat aber keine Vor- und Nachteile, denn sie ist so, wie sie ist: ein wunderbares Erlebnis, voller Schönheit, Kraft und Energie. Das Denken setzt erst später ein, also dann, wenn es um die Beziehung geht, um Partnerschaft, um Wohn- und Wirtschaftsgemeinschaft, praktisch um das Zusammenleben. Dann wägt das Denken die Vor- und Nachteile ab. Ist es nicht so?

»Aber wir brauchen doch das Denken, um im Beruf und im Alltag die richtigen Entscheidungen zu treffen. Man kann das Denken doch nicht beiseite lassen ... Dann würde man für naiv und dumm erklärt.«

Ich habe nicht gesagt, dass wir das Denken generell beiseite lassen sollen. Natürlich brauchen wir die Ratio, um beispielsweise im Beruf mit dem Computer zu arbeiten oder Termine zu planen. Unser Denken ist im Alltag ein wichtiges Werkzeug, das wir einsetzen müssen. Dieses Denken meine ich jedoch nicht.

Wir sprachen von der Liebe, die in einer seelischen Dimension lebt. Die Liebe lässt sich nicht mit dem Denken erzeugen, lässt sich leider aber sehr wohl mit dem Denken ersticken und umbringen. Das Denken setzt ein, etwa angefacht durch die Analyseurteile des sozialen Umfelds, etwa angestoßen aus unserem Über-Ich, wenn es darum geht, ob wir eine Beziehung eingehen sollen, wollen, werden oder besser vielleicht nicht. So wägt die Ratio Vor- und Nachteile des Liebespartners ab.

»Ist das denn falsch? Soll man sich einfach in das Abenteuer einer Beziehung stürzen, ohne das mit dem Denken abzuwägen?«

Ich habe nur gesagt, dass Liebe das eine ist und Beziehung etwas ganz anderes. Es sind zwei Dimensionen, die unabhängig voneinander sind, denn weder Liebe noch Denken sind für sich genommen falsch. Wir sollten von der Wertung ›richtig‹ oder ›falsch‹ jetzt einmal Abstand nehmen. Das Denken ist sinnvoll, wenn es als Werkzeug eingesetzt wird. Wir benötigen es, wenn es beispielsweise um Konzentration und Logik geht, um Mathematik und Physik, um chemische Formeln, um Statik und Statistik. In diesem Zusammenhang ist Denken nicht nur richtig, sondern auch wichtig.

Wir lassen aber das Denken gänzlich fallen, wenn wir beispielsweise während einer Wanderung in der Natur am Wegrand eine schöne Blüte sehen, sie anschauen und ihren Duft einatmen. Wir lassen das Denken auch fallen – so hoffe ich wenigstens für euch alle –, lassen es beiseite, wenn wir einen Sonnenuntergang am Meer erleben. Dann schauen wir fasziniert auf die vielen Rot- und Orangetöne der Wolken, beobachten, wie sich diese Töne verändern, während die Sonne mehr und mehr am Horizont versinkt.

»Was hat aber ein Sonnenuntergang mit Liebe und Beziehung zu tun?«

Den Sonnenuntergang mit allen Fasern deiner Sinne und deiner Seele voll und ganz zu genießen setze ich jetzt als Symbol für die Liebe. In solch einer Zeitspanne zieht sich das Denken zurück. Es gibt nichts zu analysieren, weil das sensitive Erleben für sich selbst spricht und sich selbst genügt. Willst du dann jedoch mit deinem Fotoapparat den Sonnenuntergang als Bild konservieren, setzt dein Denken ein, und du bist vielleicht morgen wieder mit deiner Kamera an derselben Stelle. Vielleicht hast du Glück, und die Wolken sind wieder so eindrucksvoll schön wie am Tag zuvor; vielleicht hast du Pech, und der Himmel hat sich mit dunklen Regenwolken gefüllt... Dann würde nichts aus dem ›geplanten‹ Foto.

Damit möchte ich Folgendes sagen: Das Denken einer Beziehung – morgen den Sonnenuntergang fotografieren! – und das Erleben des Sonnenuntergangs – ohne ein Foto einzuplanen – sind zwei Dinge. Im Erleben besteht die Glückseligkeit der Gegenwart, im Planen kann nur das Denken sein Werkzeug entfalten. Vielleicht gelingt der Planung ein tolles Foto beziehungsweise eine funktionierende Beziehung. Aber was hast du sonst noch davon, wenn du ein tolles Foto hast beziehungsweise die geplante Beziehung klappt? Befriedigung bestimmt. Die Liebe jedoch hast du damit jedenfalls nicht erfasst.

Die Frage ist doch: Kannst du in der Dimension der Liebe sein, wenn du die Ratio beiseite schiebst, oder kannst du in einer Beziehung, die dein Verstand abwägt, die Liebe lebendig und jeden Tag neu erleben?

Das ist, so meine ich, die wichtigste Frage überhaupt. – Wir werden nach der Pause, also etwa in einer Stunde, uns mit diesem Thema gemeinsam weiter befassen.

ALLES FLIESST ...

Wohl die meisten Menschen versuchen, Liebe und Beziehung zu einer Einheit zu verschmelzen. Aus Liebe soll Beziehung werden, und in ihr wiederum soll sich Liebe entfalten und entwickeln, soll sie reifen. Das ist, wie gesagt, die Auffassung der meisten Männer und Frauen. Ihr könnt das feststellen, wenn ihr euch mit euren Freundinnen und Freunden über dieses Thema unterhaltet.

Verliebtheit und Liebe wird dabei als etwas eher Kurzfristiges beschrieben. Die Erwartung besteht nun darin: Wenn Liebe in eine Beziehung (in eine Partnerschaft, in eine Ehe) mündet, dann werden diese Werte zum Tragen kommen, die da sind: Treue und Vertrauen, Geborgenheit, Sicherheit und Verlässlichkeit, verbunden mit dem Wunsch, sich anlehnen, sich öffnen zu können, Zufriedenheit und Ruhe zu finden, sich zu verstehen, sich anzunehmen, also sich sicher und geborgen zu fühlen. Das wird von einer Beziehung erwartet – und es wird angenommen, dass sich dann erst die Liebe bewähren, sie in diesem Zusammengehörigkeitsgefühl wachsen und reifen würde.

Bitte, das sind nicht meine Gedanken. Ich beschreibe nur etwas, was jeder selbst von Gesprächen her kennt. Was haltet ihr von diesen Erwartungen und Gedanken? Denkt ihr auch so?

»Ich weiß nicht, worauf du hinaus willst. Das sind

Erwartungen, die ich natürlich habe. So stelle ich es mir in Zukunft vor, denn ich habe bisher nur die Erfahrung mit einer Beziehung, doch die ist nach zwei Jahren zerbrochen.«

Ist deine Vorstellung eingetreten? Warum ist eure Beziehung nach zwei Jahren zerbrochen? Habt ihr euch nicht mehr geliebt, oder hat die Liebe bei einem von euch nachgelassen? Warum habt ihr euch getrennt?

»Die Liebe hat bei ihr nachgelassen; sie fühlte sich in unserer Beziehung eingeschränkt. Ich habe den Fehler gemacht, dass ich sehr eifersüchtig war und sie kontrollierte. Hat nichts genützt, denn sie ist trotzdem fremdgegangen mit ihrem Arbeitskollegen, in den sie sich verliebte. Sie hat sich danach von mir getrennt und lebt jetzt in einer neuen Beziehung.«

Das zeigt, dass für deine Ex-Partnerin die Werte Vertrauen und Verlässlichkeit, Geborgenheit und Sicherheitsgefühl in eurer Beziehung nicht so hoch im Kurs standen. Es ist ein wirklich schwieriges Thema, und wir sollten es weiter erforschen – nicht analysieren, also nicht zergliedern, denn sonst verlieren wir den größeren Zusammenhang.

Es gibt offensichtlich Erwartungen, die wir an eine Beziehung haben, welche wir aus der Liebe heraus eingehen. Wenn wir aus Liebe zusammenziehen, dann haben die meisten vor, das längerfristig zu sehen, möglichst ein Leben lang, also nicht nur zwei, drei Jahre. Aber das, was wir planend vorhaben, und das, was tatsächlich geschieht, sind offensichtlich zwei paar Schuhe, die häufig nicht zueinander passen ...

Ihr habt euch bereits nach zwei Jahren getrennt. Es gibt also keine Sicherheit. Das Leben ist sehr lebendig, ist ständig im Fluss und lässt sich deshalb letztlich nicht planen. Deswegen sage ich: Sicherheit ist eine Illusion, der Wandel ist das Beständigste. Du kannst also nur sicher sein, dass alles Lebendige im ständigen Wandel ist. Das scheint ein verflixtes Paradoxon zu sein. ›Alles fließt‹, so der griechische Philosoph Heraklit vor rund zweieinhalbtausend Jahren. Wenn du morgen an derselben Stelle in denselben Fluss steigst, wird dich nicht dasselbe Wasser umspülen, das du heute oder gestern oder vorgestern gespürt hast. Jenes Fließen schmeckt vielen überhaupt nicht, denn sie suchen nach Sicherheit, Geborgenheit und Beständigkeit in ihrer Beziehung – in solch einem Dreiklang wollen sie die Liebe wachsen und reifen sehen.

»Ist es aber nicht schön, wenn ein Paar Vertrauen zueinander hat und so die Liebe zur wahren Entfaltung bringt?«

Für dich ist Vertrauen deshalb schön, weil du dir das wünschst. Es spricht ja auch nichts dagegen, wenn ein Paar Vertrauen zueinander hat und sich liebt, jedoch hast du eine Bedingung eingebaut: »... und so die Liebe zur wahren Entfaltung bringt.« In deiner Aussage ist enthalten, dass die Liebe so zu einer ›wahren Entfaltung‹ gebracht werden kann. Ich frage aber, ob diese Bedingung gestellt werden kann, ob es eine solche ›wahre Entfaltung‹ gibt. Was wäre dann eine ›nicht wahre Entfaltung‹? Muss sich die Liebe überhaupt entfalten? Ist die Liebe, wenn wir uns verlieben, noch sozusagen auf einer unteren Stufe und kann sich erst in einer Beziehung voll entfalten? Darauf will ich hinaus.

Ich verstehe ja die Erwartungen, Hoffnungen und Wünsche, die man in eine Beziehung setzt. Aber hat das mit Liebe zu tun? Bitte, wir sollten uns das erst einmal fragen. Ich weiß, dass dieses Thema mitunter sehr aggressive Diskussionen auslöst, weil solche Erwartungen durch die Tradition des Denkens, durch Religion und durch Medienberichte sehr tief in uns verwurzelt sind. Und allein die Infragestellung: Hat das mit Liebe zu tun? wird als eine Art Glaubenslästerung gesehen.

Wir klammern uns an diese und ähnliche Erwartungen, die wir hegen. Wer bei Beziehungen von Vertrauen, Verlässlichkeit und Geborgenheit spricht, hat alle sofort auf seiner Seite, wobei jeder zustimmend bemerkt: Ja, genau so sollte es sein. Das streben ja schließlich so viele an, und deshalb gibt es hier einen breiten Konsens. Wenn man dann fragt: Ist es denn auch so?, stößt man auf Kopfschütteln: Ja, wie könnte es denn anders sein?!

Wir sind hier, um das infrage zu stellen, und ich hoffe, dass dieses Infragestellen bei euch keine Widerstände und Aggressionen auslöst, sondern die Neugier weckt, das zu untersuchen. Wenn das Infragestellen Widerstände auslöst, erkennt man alleine daran schon, dass hier noch etwas Verborgenes schlummert, etwas, das ans Tageslicht kommen sollte, allerdings auch etwas, von dem nicht gewünscht wird, dass es im Licht erscheint und betrachtet wird.

So, nun gehe ich einfach mal davon aus, dass ihr neugierig geworden seid und dieses Thema weiter erforschen wollt.

Zurück zur eigentlichen Frage: Ist Liebe in einer Beziehung, die von der Erwartung getragen wird, es sollten Geborgenheit und Verlässlichkeit an erster Stelle stehen, jene ›wahre Liebe‹, die wir uns alle erträumen, oder hat die Liebe damit eher wenig zu tun? Bedarf die Liebe einer Beziehung, eines gemeinsamen Zusammenlebens im Alltag, oder braucht sie das im Grunde gar nicht, um sich zu entfalten? Gibt es Reifestufen der Liebe, die nur in einer Beziehung stattfinden können, oder ist mit Reifen etwas ganz anderes gemeint? Ist es notwendig, an der Liebe zu arbeiten, und ist es harte Arbeit, eine Beziehung ›hinzukriegen‹? Gibt es sie, die ›einzig wahre große Liebe‹, oder ist das ein Märchen, das man uns irgendwann einmal in der Jugend erzählt hat? Ist das vielleicht ein Mythos, den wir entzaubern sollten? Fragen über Fragen.

‚Entzaubern‹ ist ein schönes Wort. Auf jedem Mythos liegt eine Zauberformel. Wir brauchen einen Schlüssel, um die Zauberformel, die uns beherrscht, ›aufzuschließen‹, damit sie sich uns erschließt.

Wir sind hier zusammengekommen, um Märchen sterben zu lassen, um die Zauberformel der Konditionierung offen zu legen, um Mythen zu entzaubern, damit sie uns nicht mehr beeinflussen. Das machen wir nicht im traditionellen Sinne, indem eine Meinung die andere Meinung bekämpft, denn das wäre das alte Streitprinzip von These und Antithese. Solch eine Vorgehensweise ist langweilig und führt letztlich zu nichts.

Ich freue mich deshalb auf das morgige Gespräch, in dem wir die heutigen Fragen gemeinsam versuchen zu klären. Vielleicht gelingt es ja ...

3 LIEBE, EROTIK, SEXUALITÄT

PSYCHE UND PHYSIS

Habt ihr gesehen, welch einen schönen Morgen wir heute Früh hatten? Die Luft war nicht zu kühl und nicht zu warm; sie hatte etwas Samtiges. Der Sommer ist zu Ende, und es riecht schon nach dem kommenden Herbst. Über den Wiesen lag ein leichter Nebel, und das Gras war voller Tautropfen, die in der Sonne glitzerten. Es ist wunderbar, jene Signale der Natur in sich aufzunehmen und sie auch körperlich zu fühlen. So bin ich heute Morgen eine Stunde vor dem Frühstück barfuß über die Wiesen gegangen...

Wir sprachen gestern von den hohen Erwartungen an eine Beziehung – Erwartungen, die wir wohl alle hegen. Es ist deshalb notwendig, dass wir uns dem Thema ›Erotik und Sexualität‹ widmen, denn es wäre fatal, dieses Thema auszuklammern.

Wenn sich Mann und Frau ineinander verlieben, dann spielen dabei Erotik und Sexualität schließlich eine sehr wichtige Rolle. Die erotische Anziehung entsteht aufgrund der intensiven Aufmerksamkeit, mit der man sich voller Freude gegenseitig annähert. Es besteht ein erotisches Begehren, denn man möchte das gegenseitige psychische Verständnis füreinander auch auf der physischen Ebene erleben. So entsteht ein intensiver Wunsch nach Sexualität, nach körperlicher

Nähe, nach der Freude, zu küssen, zu streicheln, zu umarmen, also sich ganz nahe zu sein.

Die Sexualität ist ein spannendes Abenteuer. Man ist voller Erwartungen, wie der andere reagieren wird, welche sexuellen Vorlieben es zu entdecken gilt.

Liebe und erotische Anziehung beziehungsweise körperliches Begehren gehen Hand in Hand. Das ist sehr beglückend, wenn Seele und Körper zu einer Einheit werden und zwei Menschen zu einem Instrument der Liebe verschmelzen und der Hauch von etwas Größerem auf ihnen eine Melodie spielt.

Erotik und Sexualität sind etwas Elementares zwischen Mann und Frau. Ich halte es für sehr wichtig, den Fokus gezielt auf diesen Umstand zu richten und hierbei nicht eine ›höhere Ebene‹ zu suchen, auf der so häufig über Liebe allgemein theoretisiert und sie somit zu einem Abstraktum wird, mitunter auch ›vermischt‹ mit dem religiösen Begriff der Liebe.

Wenn ich jetzt über die Liebe rede, dann meine ich also die spezielle Liebe zwischen Mann und Frau, die mit Erotik und Sexualität verknüpft ist. Es ist wichtig, dass wir das präzise sehen und dass wir nicht abschweifen in die generelle große kosmische Liebe oder auch in die religiöse göttliche Liebe. Natürlich gibt es dazu einen Zusammenhang, aber das ist, weil sehr kompliziert, ein anderes Thema ...

Halten wir jetzt erst einmal fest: In der Liebe zwischen Mann und Frau spielen Erotik und Sexualität eine elementare Rolle. Das sage ich deshalb nochmals, weil wir gestern über die Beziehungserwartungen an eine Partnerschaft gesprochen haben. Es wird in einer Beziehung aber auch die Entfaltung der Erotik und der Sexualität erwartet. Sie sind also ein wesentlicher Bestandteil der Liebe zwischen Mann und Frau. Ich möchte die Sexualität wirklich nicht überbetonen, aber auch nicht vernachlässigen.

Was aber geschieht in Beziehungen, wenn der Alltag einkehrt? Die täglichen Probleme des Lebens und Zusammenlebens nehmen mehr und mehr Raum ein. Es werden Aufgabenrollen verteilt, Spielregeln vereinbart, es wird darüber diskutiert, wer den Mülleimer rausbringt und wer die Hemden oder sonst was zu bügeln hat. Es wird über Emanzipation und Kommunikation, über Geld und Hausbau, über Freizeitgestaltung und Urlaub, über gemeinsame Freunde, Schwiegereltern und Geburtstagsfeiern diskutiert. Weil man in einer Beziehung eine Wohngemeinschaft eingegangen, ein Paar geworden ist, steht man in Verbindung zur Verwandtschaft des anderen, steht man auch in Verbindung zu Freunden und Freundinnen des anderen. Das alles wird mächtiger und mächtiger und muss besprochen und geregelt werden. Man ist ein Team und will diese Aufgaben und Probleme gemeinsam lösen.

In einer Beziehung übernimmt das Denken nach und nach die Herrschaft. Die emotionale und seelische Verbindung wird zurückgedrängt, und die Erotik hat keine Muße mehr, sich auszubreiten. So wird die Sexualität nach und nach zu einem eher unerotischen körperlichen Vorgang der Triebbefriedigung. Man erwartet ja durchaus sexuelle Entfaltung in einer Beziehung, aber im Alltag mit seinen Problemen wird die Sexualität zu etwas Mechanischem. Die Verbindung zwischen Liebe und Sexualität ist gestört... sie beginnt abzubrechen. Man kennt sich nun schon einige Zeit, agiert als gemeinsames Team, hat die Rollen einvernehmlich aufgeteilt und hat sich ein Bild vom anderen gemacht. In dieses Bild projiziert sich ein jeder die Eigenschaften, die er beim anderen stillschweigend voraussetzt und in Zukunft erwartet. Damit schwinden Aufmerksamkeit und Achtsamkeit – Eigenschaften, die man am Anfang so intensiv in der Verliebtheit erlebte.

Von vielen wird Verliebtheit als eine Art Vorstufe zur Liebe abgewertet. Ich warne aber, diese Verliebtheit gering zu schätzen und darauf zu hoffen, dass durch das Zusammenleben erst die wirkliche und wahre Liebe entstehen würde. Die Realität zeigt, dass mit dem Verschwinden der Verliebtheit nur ein banaler Beziehungsalltag einkehrt. Damit tritt die Erotik mehr und mehr in den Hintergrund, selbst wenn noch Sexualität stattfindet. Weil die Gefühle der Erotik allmählich weniger werden, beginnt auch die Häufigkeit der Sexualität stetig abzunehmen.

Ich sage es immer wieder: Die erogenste Zone ist die Psyche. Auf diese erogene Zone ist die Liebe zwischen Mann und Frau angewiesen – schließlich soll, wie das so viele ja auch erhoffen, diese *spezielle Liebe* erhalten bleiben, gar weiter von Tag zu Tag erblühen.

Erotik ist etwas sehr Fragiles und Sensibles. Pure Sexualität ist robuster; sie kann sich auch in Sex um des Sex willen ausleben. – Darauf kommen wir noch zurück.

Ich hoffe, ihr versteht, warum die Verliebtheit eine sehr wichtige Phase für ein Paar ist. Auf keinen Fall sollte sie geringschätzig abgewertet werden, indem es etwa heißt: ›Ach ja, eben die berühmten Schmetterlinge im Bauch… Das vergeht!‹ Über diese sehr wichtige Phase wird oft sehr herablassend gesprochen, so, als wären Schmetterlinge im Bauch eine Jugendtorheit, wohingegen die ›erwachsene Liebe‹, also die Liebe in der Beziehung, auf Geborgenheit, Sicherheit und Verlässlichkeit setzen könne. Dass dem nicht so ist, haben viele sehr schmerzlich erfahren müssen, die darauf vertraut und das als eine Art ›Gesetz der Partnerschaft‹ gesehen haben.

Es ist ein Trugschluss, die Liebe zwischen Mann und Frau zu vereinfachen und in der Beziehung, in der Partnerschaft, im guten Team das Überdauernde sehen zu wollen und die ehemaligen Schmetterlinge im Bauch als Verliebtheitsphase gering zu schätzen – als etwas, das es als eine Art Gefühlsduselei vom Tisch zu wischen gilt, als handelte es sich hier doch nicht um die wirklich richtige Liebe.

Heute Nachmittag werden wir darüber diskutieren. Ich bitte um Nachsicht, denn ich habe nun etwas lange gebraucht, um diese Gedanken zu entwickeln und darzustellen. Zusammenfassend möchte ich sagen: Ohne die seelische Erotik – so schön die Beziehungswerte Verlässlichkeit und Geborgenheit auch sein mögen – kracht eine ›Beziehung der Verlässlichkeit‹ früher oder später in sich zusammen, und zwar spätestens dann, wenn von außerhalb Schmetterlinge angeflogen kommen und sich im Bauch bemerkbar machen.

WENN DIE FUNKTION NICHT MEHR FUNKTIONIERT...

Es ging heute Vormittag um die spezielle Liebe zwischen Mann und Frau, weil sie die Erotik und die Sexualität mit einbindet. Wir sprachen auch schon über die Erwartungen nach Geborgenheit und Verlässlichkeit in einer Beziehung. Brennen euch dazu Fragen unter den Nägeln?

»Was geschieht, wenn die Erotik und das sexuelle Interesse nachlassen? Was soll man dann tun, wenn die Beziehung ansonsten gut funktioniert?«

Wenn eine Beziehung auch ohne Erotik gut funktioniert, scheint die Sexualität nicht mehr so wichtig zu sein. Das glauben viele, und aus diesem Grund geben sie sich erst einmal damit zufrieden. Aber du fragst ja ganz konkret, was man dann tun soll.

Ich schlage vor zu versuchen, zunächst einmal die Ursachen zu erforschen. Woran könnte es liegen, dass die Erotik verblasst ist? Wann ist das sexuelle Begehren zurückgegangen? Das muss jeder für sich selbst herausfinden und mit seinem Partner besprechen. Aber oft übergeht man dieses Thema in gemeinsamen Gesprächen, weil es einem irgendwie unangenehm und etwas peinlich ist, darüber offen zu diskutieren.

Man hat Angst davor, dass dann der Partner beziehungsweise die Partnerin fragt, ob man ihn oder sie noch liebt. Wenn die Beziehung ansonsten gut läuft, will man da nichts problematisieren. Oft denkt man, das ist nur eine vorübergehende Phase, das wird sich wieder einspielen.

Alles Lebendige ist in Schwingung, und das Pendel schwingt zwischen Distanz und Nähe hin und her. Nach Distanz sucht man Nähe, nach Nähe braucht man wieder Abstand und Distanz. Wenn aber wochen- oder monatelang keine Sexualität mehr stattfindet, wie das in vielen Beziehungen der Fall ist, dann ist in der lebendigen Schwingung eine Störung eingetreten.

Ihr wisst, dass ich die Sexualität nicht überbewerten möchte. Sexuelle Reize umgeben uns aber im Alltag in großer Zahl, spielen beispielsweise in den Medien eine nicht unwesentliche Rolle. Hängt das alles vielleicht damit zusammen, dass die Sexualität nicht wirklich ausgelebt werden kann? Das ist eine wichtige Frage.

»Ich habe auch den Eindruck, dass wir viele sexuelle Wünsche in uns tragen, sie aber oft mit dem Partner nicht voll und ganz ausleben, weil hier Hemmungen bestehen. Ich traue mich sexuell nicht so richtig aus mir heraus, wenn ich in einer festen Beziehung lebe, so, als würde es sich nicht gehören, als wäre es unschicklich, alle meine sexuellen Wünsche zu offenbaren.«

Schön, dass du das so offen aussprichst. In einer Beziehung rücken schnell andere Werte in den Vordergrund, wobei es sich meist um ›Probleme‹ handelt, die uns der Alltag ›aufzwingt‹ und die uns als ein ›gutes Team‹ fordern, also beispielsweise Probleme des Arbeitslebens, ferner Alltägliches, wie etwa das Vorhaben, einen Wandschrank aufzubauen, den neuen Computer zu installieren, den Flur neu zu streichen, das Auto in die Werkstatt zu bringen, eine Rechnung zu monieren – und was es der Dinge sonst noch zu regeln gilt.

Man ist oft müde und möchte einfach nur entspannen. Der Mann übersieht dann sogar ganz bewusst die erotischen Reize seiner Partnerin; die Frau fühlt das und hat nicht den Mut oder die Energie, ihren Partner aus diesem Alltagstrott zu reißen, weil sie denkt, dass er doch als Mann die Initiative ergreifen sollte; außerdem ist sie dann ein wenig beleidigt, dass er so wenig Begehren zeigt. So dreht sich die Spirale der Ent-Erotisierung in einer Beziehung weiter – und eines Tages ist ein Zeitpunkt überschritten, an dem es dann beiden schwer fällt, wieder eine erotische Atmosphäre entstehen zu lassen.

»Das kenne ich. Ich lebte fünfzehn Jahre in einer so genannten guten Ehe. Alle Freunde und Bekannten dachten, wir seien eine Art Musterpaar. Es gab keinen Streit, und meine Frau stand nach außen hin voll und ganz hinter mir. Es beging auch keiner von uns einen Seitensprung. Das Haus war topp in Schuss, und unsere beiden Kinder waren gute Schüler. Wir waren also sozusagen das perfekte Paar. Aber sexuell tat sich seit Jahren überhaupt nichts mehr, nicht einmal im Urlaub. Wir teilten zwar ein Ehebett, aber konnten nicht einmal mehr miteinander kuscheln. Wir vermieden jegliche körperliche Berührung, weil sie nichts Anziehendes mehr hatte, sondern eher etwas Abstoßendes. Wenn ich morgens das Haus verließ, gab es auch keinen Abschiedskuss, sondern nur ein freundliches Winken. Die Beziehung war durchaus gut, Verlässlichkeit und Vertrauen waren da, aber die Erotik war weg. Es fehlte, um deine Worte zu gebrauchen, die spezielle Liebe zwischen Mann und Frau.«

Hat sexuelles Desinteresse noch etwas mit dieser speziellen Liebe zwischen Mann und Frau zu tun? Sie hat damit nichts zu tun. Dieser Tatsache sollten wir ins Auge sehen, auch wenn es unangenehm sein sollte und manchen das deshalb schwer fällt.

Die gute Beziehung eines Paares ist sicherlich eine angenehme Sache, die viele positive Beziehungskriterien erfüllen kann, aber wenn die Erotik fehlt, dann hat sich diese spezielle Liebe, nämlich die Erotik, verflüchtigt. Das will man sich, wenn man in einer guten Beziehung lebt, nur ungern offen eingestehen. Man sitzt in der Beziehungsfalle fest, weil man sich mit viel Engagement und oft auch aufgrund finanzieller Belastungen, etwa durch den Kauf einer Eigentumswohnung, darin regelrecht eingenistet hat. Man verschönt von Jahr zu Jahr das Gefängnis, das man sich selbst geschaffen hat.

Wo diese spezielle Liebe fehlt, dort wohnt man zwar bequem, dort richtet man sich häuslich ein, dort ist man aber nicht frei und glücklich. Es fehlt ein wichtiger Teil, um die Ganzheit entstehen zu lassen. Man sagt zwar, man wäre ›zufrieden‹, ist es aber nicht wirklich, eben weil die sexuelle Entfaltung fehlt. Eine Ersatzbefriedigung ist es dann vielleicht, gut und reichhaltig miteinander zu essen und dabei einen guten Tropfen zu genießen. Viele solcher Paare futtern sich somit Übergewicht an, weil Essen beruhigt und körperliche Zufriedenheit erzeugt. In diesem Zusammenhang sollte man sich einmal an das alte Sprichwort erinnern, das da heißt: Ein guter Hahn wird nicht fett.

»Ich habe in dieser Zeit, ohne Sexualität in meiner Ehe, fünfzehn Kilo zugenommen, die sich nach der Scheidung wieder um zehn Kilo reduziert haben. Heute weiß ich, dass ich in einer Scheinzufriedenheit lebte, dass wir zwar ein gutes Team, aber beide nicht wirklich glücklich waren. Ich möchte diese alten Fehler in Zukunft vermeiden und mit meiner neuen Partnerin glücklich werden. Wie mache ich das?«

Erotik und Sexualität bitte nie unterschätzen, sie nicht auf die ›lange Bank schieben‹ und unterbewerten und die Beziehungswerte übergewichten. Das klingt zwar einfach, ist aber in der Praxis nicht so ohne weiteres umzusetzen. Eine Beziehung führt uns nämlich häufig in einen Sog hinein, der schwer zu bremsen ist, wenn wir unachtsam werden. – Wir werden darüber weiter diskutieren und traditionelles konservatives Denken infrage stellen müssen. Nur wenn wir das infrage stellen, können überkommene Denkstrukturen aufgelöst werden.

EINE LIEBESGESCHICHTE

Wir wanderten gemeinsam durch die nahe gelegenen Wälder. Als die Sonne unterging, setzten wir uns auf eine Wiese mit Blick auf das Tal. Die Luft war mild, samtweich, und einige Vögel kreisten am Himmel. Ich sagte zu ihr: Dir liegt eine Liebesgeschichte auf der Zunge, und ich höre dir gerne zu.

»Ich war zwölf Jahre verheiratet und führte eine traditionelle Ehe, also eine in dem Sinne, wie du heute Nachmittag darüber gesprochen hast. Ich bin froh, dass das einmal so klar und deutlich ausgedrückt wurde. Mein Ehemann war mein Freund, mein guter Kumpel, ein verlässlicher Partner; er lebte nur für unser Haus mit dem Garten, für seinen Beruf und seine kleine Familie. Streit gab es selten und Sex seit vielen Jahren höchstens zwei- bis dreimal pro Jahr – stets dann, wenn mein Mann betrunken war. Du kannst dir denken, dass mich das dann anwiderte und ich froh war, wenn er seinen Orgasmus und ich es hinter mich gebracht hatte. Ich selbst hatte dabei natürlich keinen Orgasmus. Das war ihm völlig egal.«

Trotzdem hast du in dieser Beziehung ausgeharrt, weil du die sonstigen positiven Werte der Sicherheit und Verlässlichkeit geschätzt hast. Außerdem war es schließlich dein Ehemann, und ihr habt euch bei der Heirat ja die Treue versprochen. Hast du deinen Mann seinerzeit aus Liebe geheiratet?

»Ich habe ihn geheiratet, weil ich geschmeichelt war

von seinen Komplimenten und seinem Interesse an mir. Wenn ich es mir heute mit Abstand betrachte, dann bezweifle ich, dass ich ihn wirklich liebte. Ich mochte ihn, und er war mir sympathisch; das war ganz sicher so. Ich hielt es wohl für Liebe, weil ich nichts anderes erlebt hatte.

Vor zwei Jahren lernte ich durch Zufall einen Mann kennen, einen unverheirateten Künstler, der fünfzehn Jahre älter ist als ich. Er lud mich in sein Atelier ein, und wir sprachen über seine Bilder. Dieser Mann zog mich magisch an. Die Gespräche mit ihm waren ganz anders als die Gespräche mit meinem Mann; sie drehten sich um Kunst und Schönheit, aktuelle Politik und soziales Leben, um Ästhetik und Lebensphilosophie. Aber das war nicht allein der ausschlaggebende Punkt. Ich spürte sofort, dass er in mir neben der Gesprächspartnerin die Frau sah, dass er mich erotisch begehrte. Ein solches Knistern von Spannung zwischen mir und einem Mann kannte ich bis dahin nicht.

Nach drei Wochen hatten wir Sex miteinander. Erstmals in meinem Leben erlebte ich, was Sexualität zwischen Mann und Frau bedeuten kann. Es gab von Anfang an überhaupt keine Tabus. Und er konnte auch aussprechen, was er von mir wollte, was ihm sexuell gefiel. Und so riss er mich förmlich mit, obwohl ich, wie ich es heute sehe, davor eigentlich richtiggehend prüde war, trotz meiner zwölfjährigen Ehe. Er störte sich überhaupt nicht daran, dass ich verheiratet war; das war für ihn kein Hindernis, und da schwang auch kein bisschen Eifersucht mit. Er sagte, dass nur die Gegenwart zähle und dass er eine begehrenswerte Frau in mir sehe, sagte, dass nur das wichtig sei, was wir gemeinsam erlebten, und dass es unwichtig sei, ob ich in einer Ehe leben würde, die ja geschieden werden könne, aber er dränge nicht darauf. Ich fühlte mich unheimlich frei und konnte seelisch-geistig alles loslassen. Rein faktisch war ich natürlich eine verheiratete Frau, aber im Erleben dieser ›speziellen Liebe zwischen Mann und Frau‹, wie du es bezeichnest, war ich zum ersten Mal in meinem Leben überaus glücklich.«

Deine Schilderung ist sehr ehrlich. Es ist schön, dass du das jetzt in unserem Gespräch offenbarst, weil sehr viele Menschen große Probleme damit haben, von einem solchen Erleben zu erzählen, weil die Dogmen der Moral dem ja entgegenstehen.

»Natürlich hatte ich ein schlechtes Gewissen meinem Mann gegenüber, dem ich das zunächst verschwieg. Ich war also eine typische Seitenspringerin. Da er aber keinen Sex mit mir, ich nun aber Sex mit meinem Geliebten hatte, dachte ich, dass ich das eben kompensiere. Ich fühlte mich im Recht, das zu tun, weil ich schließlich nur einmal lebe und eine solche Liebe vielleicht auch nur einmal erleben kann. Dafür war ich, seelisch gesehen, glücklich und dankbar, andererseits wiederum, vom Verstand her gesehen, ausgesprochen ängstlich. Denn nach dem Denken, nach den Regeln der Moral war ich eine fremdgehende, ihren Ehemann betrügende Frau, denn ich erlebte den Orgasmus bei meinem Geliebten und nicht bei meinem Ehemann, der ja ein Recht, ja sozusagen allein darauf Anspruch hätte. Aber ich konnte ihm diesen ›Anspruch‹ nicht erfüllen, weil er sich mit meinen Gefühlen hinsichtlich einer erfüllenden Sexualität nie auseinander gesetzt hat.«

Du sagtest, dass du deinen Ehemann mochtest und er dir sympathisch war. In deiner Beziehung zu ihm fühltest du Sicherheit und Geborgenheit. Ich frage dich jetzt ganz direkt: Wen liebst du? Deinen Ehemann, denn du bist schließlich zwölf Jahre mit ihm zusammen, oder deinen Geliebten?

»Wenn ich diese beiden Männer in solch einen Vergleich bringe, dann sage ich, dass ich meinen Geliebten liebe und meinen Mann nicht liebe, aber die Freundschaft und Partnerschaft mit ihm durchaus schätze. Ich habe heute Nachmittag begriffen, dass zwischen Harmonie in der Partnerschaft und guter Beziehung zueinander einerseits und der Liebe auf erotischer Basis andererseits ein großer Unterschied besteht. Zum ersten Mal sehe ich jetzt wirklich klar: Ich liebe Robert, so heißt er, und ich schätze Erwin, meinen Mann.«

Das bedeutet, dass du mit deinem Mann eine gute Beziehung hast, ohne erotische Liebe, und dass du mit Robert eine Liebe lebst, die keine Beziehung ist.

»Jetzt muss ich einhaken: Ich erkenne plötzlich, dass die erotische Liebe wichtiger ist als die Beziehung, um glücklich zu sein. Unsere gesamte Gesellschaft dreht sich aber andersherum; sie betont die Beziehung und will die Erotik dieser Lebensform eingliedern und unterordnen. Auch ich bin mit meiner Eheschließung solch eine Beziehung eingegangen und muss nun die Folgen tragen. Das sehe ich jetzt klar und deutlich, und darüber bin ich froh. Ich bin in diese Falle geraten, weil ich es nicht anders wusste. Wie komme ich aus dieser Falle aber wieder heraus? Mit einem Bein bin ich ja schon raus, weil ich Robert wieder treffe. Mit dem anderen Bein bin ich aber im Gefängnis, weil auch mein Ehemann nach meiner Rückkehr von diesem Workshop auf mich wartet.

Ich möchte in den nächsten Tagen hier einen Weg für mich finden, wie ich mich in Zukunft verhalten sollte oder müsste, um ein ehrliches Leben zu führen. Was ich aber auf gar keinen Fall anstrebe: Robert das Gefühl zu geben, mich scheiden zu lassen, um mit ihm meine Ehe auf einer anderen Ebene fortzusetzen. Es wäre doch fatal, wenn Robert in die gleiche Beziehungsrolle hineinrutschen und damit womöglich unsere erotische Liebe verblassen und absterben würde.«

Deine Gedanken und Schlussfolgerungen sind verständlich und richtig. Du hast damit einen Weg eingeschlagen, der steinig ist, denn es ist nicht der Trampelpfad, den viele gehen. Und du hast dich dazu entschlossen, deinen eigenen Weg zu gehen, den Weg der erotischen Liebe zwischen dir und deinem Freund.

Schau, wie die Wolken sich rot verfärben. Die Sonne ist bald verschwunden. Wir werden jetzt zurück zum Hotel gehen und zusammen mit den anderen ein gutes Abendessen genießen. Morgen Früh, wenn die Sonne wieder aufgegangen ist und die Berge und Täler mit Licht erfüllt sind, werden wir versuchen, gemeinsam noch mehr Klarheit und Wahrheit sehen zu können.

4 SELTENE STERNSTUNDEN

DAS SPIEL DER ROLLEN

Wir haben über jene so wichtige ›spezielle Liebe‹ zwischen Mann und Frau gesprochen, weil allein bei dieser Liebesform Erotik und Sexualität eine große Rolle spielen. Diese Sexualität erwacht mit der Pubertät. In unserer Kindheit, also in der Zeit davor, erlebten wir uns selbst in der Natur mit offenen Sinnen und konnten unsere eigene Sensitivität erleben. Wir durften einzigartige Gefühle erleben, wenn wir beispielsweise im Sommer barfuß über eine frisch gemähte Wiese liefen, die Kälte wie die Wärme von Steinplatten fühlten und den Geräuschen der Blätter im Wind lauschten. Die entstehende Liebe zur Natur, zum Dasein in der Gegenwart ist etwas Wunderbares.

Ich hoffe, dass ihr alle eine sensitive Kindheit und genug Freiheit hattet, mit Freunden und Freundinnen draußen in der Natur spielen konntet. Außerdem hoffe ich, dass euch eure Eltern liebten und ihre Liebe euch gegenüber durch Lob und Umarmungen auch zum Ausdruck bringen konnten. Wer von seinen Eltern oder vom Vater oder von der Mutter nicht geliebt wurde, weil die Eltern beispielsweise in einer unglücklichen, unbefriedigenden und aggressiven Beziehung miteinander verstrickt waren, der hatte es nach der Pubertät natürlich schwerer, sich ohne Misstrauen andern gegenüber öffnen zu können.

Aber selbst ein ungeliebter Junge beziehungsweise ein ungeliebtes Mädchen können nach der Pubertät durch die nun aufblühende Erotik und durch die langsam erwachende Sexualität – wenn sich also ein neues Entfaltungsgebiet offenbart – alte Schmerzen überwinden und einen Neuanfang der Selbsterfahrung machen.

Dabei ist es jedoch oft leider so, dass der Sexualität misstraut und stets danach geschielt wird, ob wir von anderen ›angenommen‹ und ›geliebt‹ werden. In der gelebten Sexualität haben wir die Möglichkeit, das zu überwinden, weil dieser Sexualität auch eine Heilungschance innewohnt. Um diesen Umstand zu wissen ist sehr wichtig, da auch heute noch die Sexualität mit vielen Tabus belegt ist. Zwar leben wir einerseits in einer Zeit, in der sexuelle Reize offen gezeigt werden, doch andererseits sind die Darstellungen in einem Maße ästhetisiert, dass bei nicht wenigen Minderwertigkeitsgefühle auftreten.

Sexuelle Reize sind eine nur äußere Oberfläche, denn sie deuten Sexualität an, lassen uns aber mit der sexuellen Entfaltung letztlich allein. So baut sich zwischen Mann und Frau oft eine ›Glaswand des Denkens‹ auf, welche die Sexualität nicht um des Sex willen akzeptiert, sondern sie an ernsthafte Beziehungsgedanken knüpft. Nur wenn sich beide gegenseitig verbal versichern, dass der eine es mit dem jeweils anderen ernst meint, also eine dauerhafte Beziehung sucht, ist ›Mann‹, vor allem jedoch ›Frau‹ bereit, sich auf Sexualität einzulassen. Ansonsten, so heißt es oft, fühle sie sich ›benutzt‹, also nur für die Sexualität missbraucht.

An dieser Stelle beginnt das Ganze zum Problem zu werden – und es wird gelogen und getäuscht. Da wird von Männern Liebe geheuchelt, wo noch gar keine Liebe entstanden ist, nur um die Sexualität zu ermöglichen, da ja Sexualität erst dann stattfinden darf, wenn sich beide lieben und eine Beziehung eingehen wollen.

So steht bei vielen Paaren schon am Anfang eine dicke Lüge. Denn die spezielle Liebe zwischen Mann und Frau kann sich erst entfalten, wenn sich die Erotik entfaltet, denn vorher von Liebe zu sprechen ist falsch, weil diese ›Liebe‹ nicht jene ist, um die es wirklich geht. Wenn ich von Liebe spreche, Komplimente mache, Blumen schenke, Abendessen vereinbare, dann zeige ich doch nur mein Interesse, meine Sympathie, mein Begehren. All das ist Strategie, die Hürden überwinden und es ermöglichen soll, miteinander Sex zu haben. – Ist es so, oder erzähle ich Unsinn?

»Mein Einwand: Ich bemühe mich doch nur mit Blumen, meinem Charme und Komplimenten um eine Frau, wenn ich mich in sie verliebt habe, oder?«

Woher weißt du, dass du dich in sie verliebt hast? Das möchte ich hinterfragen. Ist es das gute Aussehen dieser Frau, ist es ihre modische Kleidung, ist es der Umstand, dass sie von deinen Freunden als eine ›Klassefrau‹ bezeichnet wird? Was siehst du in dieser Frau, in die du dich verliebt hast und für die du jetzt das ganze Balzritual ablaufen lässt: SMS-Nachrichten schicken, E-Mails senden, lange Telefongespräche führen, zum Essen einladen und so weiter? Was willst du letztlich damit erreichen? Du willst mit ihr Sexualität erleben, oder nicht? Bitte, das ist überhaupt kein Vorwurf. Die gesellschaftliche Tradition sieht das so, ich nicht.

Du willst mit ihr gemeinsam deine Sexualität leben,

und das ist völlig in Ordnung. Sie will das ja auch mit dir, vorausgesetzt, du bist ihr sympathisch. Aber es sind hier offensichtlich traditionell bedingte Hürden aufgebaut, die erst einmal überwunden werden müssen. Dabei ist die größte Hürde der Beziehungsgedanke: Sex nur, wenn Liebe signalisiert wird, die eine Beziehung in Aussicht stellt. Ich denke, dass jeder jetzt versteht, worauf ich hinaus will.

Beziehung nur unter der Voraussetzung von Liebe. Also muss ich Liebe versichern und eine Beziehung in Aussicht stellen; danach ist Sexualität in Ordnung und wird ermöglicht. Ist das nicht ein ganz fatales Rollenspiel? Das ist ein Spiel, das in unserer angeblich so freien Gesellschaft millionenfach gespielt wird. Es ist ein Spiel, bei dem die meisten verlieren, sowohl Frauen als auch Männer. Warum? Weil sie sich auf diese ›Ichliebe-dich-Lüge‹ einlassen, bevor sie überhaupt erlebt haben, ob sie lieben oder ob sie nicht lieben.

Erst wenn wir uns erotisch-sexuell verstehen, und zwar als Mann wie als Frau – erst dann kann von dieser ›speziellen Liebe‹ gesprochen werden, sonst nicht. Wenn sich das nicht ereignet, dann ist alles nur Krampf und führt zum Kampf, zum Machtkampf zwischen Mann und Frau, der sehr kräftezehrend und völlig unnötig ist.

Falls nun die Sternstunde der erotisch-sexuellen Liebe ausbleibt, die wir miteinander in der Gemeinsamkeit erfahren können, dann gehört das, weil es ja ohne weiteres geschehen kann, durchaus zum Bereich des Normalen, und dann ist es doch völlig in Ordnung, das zu akzeptieren und keine weiteren Experimente mehr zu starten. Die Crux dabei: Der ›Eroberer‹ hat sich schon im Vorfeld sehr weit aus dem Fenster gelehnt und Liebe signalisiert sowie Beziehung versprochen, während die ›Eroberte‹ aufgrund der zugelassenen Sexualität eine gewisse Zukunft vor Augen hat. Was geschieht dann?

Auch wenn die erste erotisch-sexuelle Begegnung nicht ›klappt‹, setzen beide auf die Zukunft des sich Zusammenraufens und Zusammenlebens in der Beziehung, die, so die Hoffnung, erst reifen und wachsen soll. So gehen beide in die Irre, in die Dürre, in die Frustration der Beziehung von Anfang an hinein.

Heute habe ich euch mit vielen bedauerlich schlechten Vorzeichen konfrontiert. Wir sollten es jetzt für diesen Augenblick erst einmal dabei belassen. Heute Nachmittag werden wir weiter diskutieren. Es wäre schön, wenn ihr euch darüber Gedanken machen würdet, ob man aus dieser Falle des Beziehungsdenkens herauskommen kann.

ZUR LIEBE NICHT FÄHIG?

Beim Mittagessen wurde mir eine handschriftlich formulierte Frage überreicht. Sie lautet: »Gibt es Männer und Frauen, die liebesunfähig sind? Die zwar in einer Ehe oder einer Beziehung leben, also beziehungsfähig sind, aber liebesunfähig?«

Ich denke, das ist eine wichtige Frage, und wir sollten gemeinsam untersuchen, ob es so etwas gibt, woran wir das erkennen und wie wir damit umgehen sollten.

Wann ist ein Mensch liebesfähig? Ich meine jetzt nicht die Liebe zur Natur, die Sensitivität, die mich erfasst, beispielsweise wenn ich, an einen Baum gelehnt, auf einer Wiese sitze und einfach nur glücklich bin. Wir sprechen über die spezielle Liebe zwischen Mann und Frau, die mit Erotik verbunden ist und mit Partnerschaft und Beziehung zu tun hat. Kann ein liebesunfähiger Mensch eine Beziehung eingehen? Kann ein liebesunfähiger Mensch Sexualität haben? Natürlich: Es geschieht in Beziehungen millionenfach, dass Sexualität ohne Liebe stattfindet, weil Sex zu einer Triebbefriedigung führt, nämlich zum Orgasmus. Liebe ist nicht notwendig, um sexuellen Spaß zu haben. Wenn allerdings Liebe damit essenziell verbunden ist, dann ist der Orgasmus eingebettet in die Gesamtheit von Körper, Seele und Geist. Ein Orgasmus ohne Liebe ist ein isoliertes physisches Erleben, etwas Fragmentarisches, weil nur der Körper seine Befriedigung findet, die Seele jedoch leer ausgeht.

Das waren nur einige Vorbemerkungen zu der Frage: Gibt es liebesunfähige Menschen? Ja, es gibt mehr liebesunfähige als liebesfähige Menschen. Warum ist das so? Weil viele die drei Dimensionen Körper, Seele und Geist nicht als Ganzheit erleben, sondern Prioritäten setzen. An erster Stelle steht der Geist, die Ratio, das Denken, an zweiter Stelle kommt der Körper und an dritter und letzter Stelle die Psyche. Die Ratio ist dann der Herr, der den Körper beherrschen will und von der Seele wenig wissen möchte, ja, sich von ihr meist gestört fühlt. So plant die Ratio das Körpererlebnis Sexualität und Orgasmus. Mit Liebe hat das dann nichts zu tun. Von Liebe hat die Ratio keine Ahnung, ja nicht einmal einen Schimmer. Liebe ist etwas Seelisches, etwas, das von Herzen kommt. Das aber ist der Ratio fremd und ihr auch suspekt.

Der liebesunfähige Mensch, ob Mann oder Frau, geht von der Ratio aus und kennt nur das materielle Instrument Körper, auf dem etwas stattfinden kann, beispielsweise etwas mit seinen Sexualorganen. Das kann so funktionieren und funktioniert so auch in der Regel; ich habe das heute Vormittag beschrieben. Liebe ist etwas Seelisches, aber darauf nimmt die Ratio keine Rücksicht. Sie setzt den Begriff ›Liebe‹ einfach wie eine Schachfigur ein, ohne dass dabei die Seele im Spiel sein muss.

Obwohl die Seele unberührt ist, wird Liebe oft geheuchelt, um an das Ziel der physischen Sexualität zu gelangen. Für Menschen, die solcherart heucheln, ist das Wort ›Liebe‹ Mittel zum Zweck. Das ist die Methode liebesunfähiger Menschen, die zur physischen Sexualität gelangen wollen.

Sehr oft tappen sie damit in die Beziehungsfalle. Sie sehen diese Falle nicht, weil sie ja mit ihrer Ratio tatsächlich eine Beziehung anstreben, denn sie wollen heiraten, eine Familie gründen, Kinder haben, ein Haus bauen, den üblichen gesellschaftlichen Regeln entsprechen, sich in die Gemeinschaft eingliedern und sich anpassen.

Mit Liebe hat das gar nichts zu tun, aber liebesunfähige Menschen sind trotzdem wild entschlossen, eine Beziehung zu planen und zu managen. Es scheint ja auch so einfach und simpel zu sein: Aus einem Kennenlernen, aus einer Verliebtheit, aus gegenseitigen Sympathieerklärungen und danach stattfindender Sexualität wird eine Beziehung, eine Partnerschaft und danach eine Eheschließung. Hier handelt es sich um eine Art sich selbst erfüllender Energieautomatismus, der auf der Ebene der Ratio geschieht.

Liebesunfähige Menschen gibt es also viele. Die Frage, ob es sie gibt, ist eigentlich eine recht naive Frage. Dahinter steht die Sehnsucht nach einer Antwort, die besagen soll, solche Menschen gäbe es nicht. Der Fragesteller könnte somit wieder ganz beruhigt sein und der Liebe vertrauen.

Die meisten Menschen sind nicht liebesfähig, streben aber, wie gesagt, mit ihrer Ratio dennoch eine Beziehung an, weil Ehe und Partnerschaft gesellschaftlich anerkannt sind. Liebe dagegen schwebt in einem freien Raum, denn Liebe ist etwas verbal Undefiniertes. Beziehung wiederum ist sehr genau und streng von der Ratio definiert; deshalb streben rationale Menschen vor allem in eine Beziehung und kleben dann das Etikett Liebe darauf, obwohl sie von Liebe nicht viel wissen – eigentlich auch nichts wissen wollen, weil sie das in ihrer rationalen Planung verwirren würde.

Die liebesunfähigen Menschen sind in der Überzahl und die liebesfähigen in der Minderzahl. Das sollten wir glasklar sehen, ohne dass unsere Wünsche danach, wie es sein sollte, die Realität verzerren. Um die Frage jetzt nochmals ganz deutlich zu beantworten: Ja, es gibt viel mehr liebesunfähige als liebesfähige Menschen.

Bitte, ich stelle das nur fest. Ihr könnt und sollt es überprüfen, indem ihr die Menschen um euch herum genau beobachtet. Ich stelle hier keine Behauptung in den Raum, die ihr übernehmen und glauben sollt. Beobachtet und prüft selbst. Falls es nicht stimmt, dann sollten wir darüber gemeinsam sprechen. Wenn jemand daherkommt und sagt, dass es keine liebesunfähigen Männer und Frauen gibt, weil er Gründe aufführen kann, dann werden wir uns dieser Gründe mit allen

Fasern unseres Herzens und des Denkens voll und ganz annehmen. Es wäre doch schön, wenn seine Argumente stichhaltig wären.

RATIO UND LIEBE

Unser letztes Gespräch möchte ich noch mit einigen Sätzen ergänzen. Ich sagte, dass es viele liebesunfähige Männer und Frauen gibt und dass diese Menschen trotzdem eine Beziehung, eine Ehe eingehen, weil ihnen das – vor dem Hintergrund gesellschaftlicher Normen – aufgrund ihrer Ratio klug und richtig erscheint.

Kann man sich mit dem Denken vornehmen, jemanden zu lieben, den man bisher nicht geliebt hat? Ich möchte die Frage noch etwas weiter fassen: Kann die Ratio die Liebe, die vielleicht einmal da war, aber aus verschiedenen Gründen verschwunden ist, durch Einsatz des Wollens wieder ›herbeidenken‹? Viele, mit denen ich gesprochen habe, antworteten darauf erst einmal mit ja. Wie ist eure persönliche Meinung dazu?

»Ich würde dazu auch ja sagen, dass das Denken es kann, ja sogar auch sollte.«

Du ›würdest‹ das sagen. Wann? Morgen? Oder bist du fest davon überzeugt und sagst: Ja, so sehe ich es, so ist es?

»Ich denke, dass es so ist. In einer Beziehung muss man sich Mühe geben, sich immer wieder zusammenraufen, auch wenn es einmal Streit gibt. Dann muss der Wille einsetzen, der aus dem Denken kommt, und dann findet man gemeinsam einen Weg, um sich wieder zu verstehen.«

Haben die Gespräche, die dazu führen sollen, sich wieder besser zu verstehen, mit Liebe zu tun? Es ist der Wille vorhanden, sich nach einem Streit, der etwas Trennendes aufzeigte, wieder anzunähern, um somit die zuvor herrschende Harmonie wiederherzustellen. Ist dieser Wille beziehungsweise dieser Wunsch nach Harmonie Liebe? Wenn ich mich mit einem guten Bekannten (den ich nicht liebe) streite, versuche ich danach die Distanz auch wieder zu verringern, indem ich etwa sage: ›Komm, lass uns noch mal über alles reden. Vielleicht finden wir einen Weg, wie wir das uns Trennende, worüber wir so heftig gestritten haben, wieder harmonisieren können. Wir wollen die Kommunikation nicht abbrechen lassen, sondern sie in Ruhe fortsetzen.‹ Das machen in der Regel vernünftige Leute so, wenn sie sich wieder beruhigt haben. Ist das Liebe?

»Den Bekannten habe ich ja auch vor dem Streit nicht geliebt. Meinen Partner aber habe ich einmal geliebt und mich danach mit ihm gestritten.«

Und jetzt liebe ich ihn nicht mehr, weil wir unterschiedlicher Meinung waren und uns gestritten haben? Meinst du das? Ich behaupte, dass die Liebe das eine ist und Meinungsverschiedenheiten über Themen, über die gestritten wird, etwas ganz anderes sind. Die Liebe lebt auf der seelischen Dimension, und der Streit findet auf der Ebene des Denkens statt. Beide Ebenen existieren unabhängig voneinander.

Nach einem heftigen Streit mit meinem Partner kann ich vielleicht die Beziehung infrage stellen, aber wenn ich liebe, werde ich niemals die Liebe infrage stellen. Ich kann zu der Auffassung gelangen: Ich kann nicht mit dir zusammen leben, weil wir uns so oft streiten, weil wir uns über unser Denken die Köpfe einschlagen, aber meine Liebe bleibt davon unberührt – sofern sie tatsächlich vorhanden ist.

Oft aber stelle ich nach einem Streit ernüchtert fest, dass in der Seele auch keine Liebe ist, vielleicht nie eine war. Ich konstatiere, dass wir zwar Sex zusammen hatten, der mal mehr, mal weniger Spaß gemacht hat, aber Liebe war es nicht. Was mache ich in diesem Fall? Kann ich jetzt meine Ratio einsetzen und mir fest vornehmen zu lieben? Mein Verstand sagt mir nur Folgendes: Wir leben seit einigen Jahren in einer Beziehung, wir haben gemeinsam etwas aufgebaut, wir sind ein gutes Team, waren es zumindest bis auf den unsäglichen Streit über Meinungen und Ideen, bei dem jeder Recht haben wollte, und zwar so lange, bis die Fetzen geflogen sind. Die Ratio sagt mir dann weiter: Diesen Streit will ich wieder aus der Welt schaffen; ich werde mich versöhnen, damit wieder Harmonie eintritt. Das soll der Wille auf der Ebene des Verstandes bewirken.

Man kann wollen, dass die Kommunikation wieder in Gang kommt, dass man sich wieder annähert, ohne dass der andere sein Gesicht verliert; das nennt man dann allgemein ›Streitkultur‹. Übrigens: Fast in jeder Frauenzeitschrift steht einmal im Monat ein Artikel über ›richtiges Streiten‹ – laut Meinung der jeweiligen Redakteurinnen die ideale Voraussetzung für eine wunderschöne Versöhnung.

Das meine ich aber nicht, wenn ich die Frage stelle: Kann das Denken Liebe wollen? Der Wille kann eine Versöhnung herbeiführen, wenn ich ein paar Regeln und Strategien beachte. Kann dieser Wille aber auch die Liebe herbeiführen, wenn ich einige Strategien und Regeln beachte? Das ist die Frage, auf die ich hinauswill.

Aus vielen Gesprächen mit Männern und Frauen habe ich entnommen, dass in diesem Zusammenhang geglaubt wird, zur Liebe sei eine gute Portion Wille notwendig – ›guter Wille‹, wie nicht wenige betonen. Es wird auch immer davon gesprochen, Liebe sei ein Stück ›Arbeit‹, schließlich müsse man an der Liebe ›arbeiten‹, damit sie erhalten bliebe oder damit sie zur vollen Entfaltung gelangen könne. – Was ist eure Meinung zu diesem Punkt?

»Ich habe in einem Buch von Erich Fromm gelesen, dass die Liebe einem nicht geschenkt werden würde, sondern dass man an ihr und für sie arbeiten sollte. Hat er da Recht?«

Ich schätze den Psychotherapeuten Erich Fromm und seine Bücher sehr, möchte jetzt aber nicht wissen, welcher Meinung Erich Fromm war, denn dann müssten wir den Text, auf den du dich beziehst, vor uns liegen haben und eine genaue Analyse vornehmen, dabei vor allem untersuchen, in welchem Zusammenhang die von dir zitierte Passage steht. – Ich wollte aber eure persönliche Meinung wissen ...

»Nun gut, ich bin persönlich der Meinung, dass man an der Liebe arbeiten sollte, damit sie immer lebendig bleibt und vielleicht mit den Jahren reifer, schöner und erfüllter wird.«

Wie soll man an der Liebe ›arbeiten‹, damit sie lebendig bleibt und schöner wird? Kann der Verstand sich das vornehmen und der Wille das wollen? Ist es möglich, dass durch Einsatz unseres Willens die Liebe lebendig bleibt? Wie soll das der Wille machen?

Wenn ich so eindringlich frage, klingt das vielleicht auf manche provokativ. Ich stelle diese Frage aber überhaupt nicht mit dem kleinsten Hauch von Aggression oder Ironie. Ich frage euch deshalb nur ganz sachlich, wie der Wille des Denkens das können soll. Und hoffe, dass sich jeder von euch diese Frage selbst stellt und versucht, sie zu beantworten.

Der Wille kann, wie wir bereits festgestellt haben, die Kommunikation nach einem Streit wieder in Gang bringen. Er kann den Wunsch haben, an der Beziehung zu arbeiten und zu feilen. Wille und Ratio können durchaus Beziehungsregeln neu formulieren, zum Beispiel alte Regeln durch neue ersetzen.

In einem Mehrfamilienhaus liegt dem Mietvertrag eine Hausordnung bei. Mit der Eheschließung wird auf dem Standesamt eine Art ›Beziehungshausordnung‹ festgelegt. Die kirchliche Trauung wiederum schließt religiöse Regelungen der Ehe mit ein, die mit dem Priester oder dem Bischof als Zeugen vor Gott und der Kirchengemeinde geschlossen werden. Der Wille kann dabei mitwirken, dass diese Regeln eingehalten werden. Das alles ist Beziehungsarbeit.

Vielleicht hat Erich Fromm davon in seinem Buch geschrieben. Ich weiß es nicht mehr so genau, weil ich sein Buch ›Die Kunst des Liebens‹ vor etwa zwei Jahrzehnten gelesen habe. Damals stellte ich mir die Frage: Ist Liebe eine Kunst? Oder ist sie etwas ganz anderes? Wenn Liebe eine Kunst ist, dann könnte man diese Kunst erlernen. Kann man Liebe lernen? Wenn ja, wo? Gibt es eine Universität? Gibt es Lehrbücher, um diese Kunst zu erlernen?

Wer Kunstmaler werden möchte, kann eine Kunsthochschule besuchen, um dort nach Abschluss der Studienzeit ein Zertifikat zu erhalten. Wird er danach ein großer Künstler? Nochmals: Das ist nicht ironisch gemeint. Es gibt keine Liebesakademie, auf der man

Liebe lernen könnte. Über das Thema Beziehung aber findet man Kurse in fast jedem Programm der städtischen Volkshochschulen. Über Beziehung kann man offensichtlich etwas lernen. Streitkultur und Kommunikation kann man lernen, auch in Managementseminaren.

Liebe aber wird nirgendwo als Lernstoff angeboten, an keiner Akademie, an keiner Volkshochschule und in keinem theologischen Seminar. Das sollte uns doch jetzt zu denken geben, oder nicht? Die Liebe ist offensichtlich der Ratio nicht als Lehrstoff zugänglich. Sie entzieht sich wohl vielmehr dem Denken. Deshalb kann die Ratio sie nicht wollen, planen, festzurren und an einer Akademie oder Universität lehren. Das ist doch sehr interessant, oder?

DIE SEHNSUCHT NACH LIEBE

Wir stellten gestern fest, dass unsere Ratio Liebe nicht wollen, planen, festhalten und festzurren und an einer Akademie lehren kann. Aber darauf wollen die meisten doch hinaus; deshalb sind viele enttäuscht, wenn klar und deutlich darüber geredet wird. Enttäuschung ist das Ende einer Täuschung.

Es ist eine Illusion zu glauben, dass unsere Ratio die Liebe mit dem Willen herbeizwingen und sie danach durch Einsatz des Willens und durch Arbeit mit dem Denken festhalten kann. Daher ist es für viele sehr schmerzlich, diese Illusion aufzugeben; das erlebe ich, unter anderem in vielen Gesprächen, sehr oft. Warum ist das so?

Die meisten Männer und Frauen haben große Sehnsucht nach Liebe. Ich meine jetzt nicht die Sehnsucht nach Sex, denn viele haben, triebbedingt, natürlich den Wunsch nach erfüllender und befriedigender Sexualität.

Die Sehnsucht nach Liebe ist aber fatalerweise – bitte beobachtet euch selbst genau – nicht die Sehnsucht danach, jemanden zu lieben, sondern vor allem danach, von jemandem geliebt zu werden. Geliebt zu werden ist quasi ein sehr ersehnter Balsam für unsere Seele; das Ego dürstet förmlich danach. Ist das Ego nun die Seele – oder ist es ein Konstrukt unserer Ratio? Ich frage euch das, damit ihr, jeder für sich selbst, euch diese Frage beantwortet. Ich weiß, dass ihr von mir auf die vielen unbeantworteten Fragen zufrieden stellende Antworten erwartet – auf jene Fragen, die in euch ständig unterdrückt vorhanden sind. Ihr erwartet von mir Antworten, möglichst leicht verständlich formuliert. Ich halte es aber für viel wichtiger, dass ihr euch selbst all diese Fragen stellt und sie euch auch selbst beantwortet, bevor ihr eine Antwort von außen, also von mir, erhaltet. Tut mir Leid, dass ich es euch nicht so einfach mache und sofort die fertigen Antworten unterbreite.

Bevor eine persönliche Frage nicht zu einem brennenden Problem in euch selbst geworden ist, einem Problem, das ihr lösen wollt, führen euch vorgefertigte Antworten nicht weiter. Warum? Weil sie verbal formuliert und über das Denken aufgenommen werden, wobei sie danach, im Gespräch, eventuell wiederholt werden. Dann jedoch fehlt euch die Verbindung zwischen Ratio und eurer eigenen Seele. – Ich hoffe, dass das verständlich ist. In euren Gesichtern lese ich allerdings, dass es vielen nicht verständlich ist ...

Die meisten Männer und Frauen haben Sehnsucht nach Liebe. Sie verstehen darunter die Erwartung, von jemandem geliebt zu werden. – Das ist doch bis dahin verständlich, oder?

»Ich verstehe, dass du nochmals darauf zurückkommst, aber ich möchte nun wissen, worauf du hinauswillst.«

Langsam bitte ... Das kannst du in diesem Moment gar nicht verstehen, denn wenn du es wirklich verstehen würdest, dann würdest du hier nicht mehr sitzen, sondern wärest vielleicht gerade dabei, am See zu wandern oder in der Stadt über den Markt zu gehen – und alles wäre geklärt in dir selbst, auch das Thema Sehnsucht nach Liebe. Dann wärest du frei. Aber da die meisten nicht frei sind, bleiben sie wie gebannt hier sitzen und warten auf eine Erklärung, warum wir Sehnsucht nach Liebe haben und nicht frei sind.

Es ist nichts falsch daran, die Liebe zu lieben. Aber das Denken plus unser Ego sind auf eine ganz bestimmte Weise programmiert: Sie schielen darauf, geliebt und anerkannt zu werden, Komplimente zu erhalten, Lob zu bekommen. Das Ego, das so stark auf Lob aus ist, möchte zudem Tadel vermeiden. In unserer Kindheit und Jugend wurde zu wenig gelobt und zu viel getadelt. Unter solch widrigen Umständen sind wir pubertiert und wurden körperlich erwachsen.

Viele haben zu wenig Lob und Anerkennung erhalten, zu wenig Respekt und Aufmerksamkeit. Nun sind wir älter geworden und verbinden Liebe mit einer Anerkennung unserer Person. Aufgrund eines Defizits haben wir Sehnsucht nach einer Kompensation; wir hungern förmlich nach Lob und Anerkennung. Nach der Pubertät ist ein neues Feld dafür eröffnet, nämlich

Anziehung zwischen Mann und Frau. Jetzt kann ich die Defizite aus der Kindheit zu heilen versuchen. Deshalb die Sehnsucht nach dem, was man jetzt Liebe nennt, auch was die spezielle Anziehung zwischen Mann und Frau betrifft.

Diese Sehnsucht nach solch einer Liebe ist gewaltig. Unser Kindheits-Ego wurde verletzt, oft sogar sehr verletzt – und jetzt eröffnet sich aufgrund unserer körperlichen Ausreifung eine Chance, über die erotisch-sexuelle Anziehung eine Kompensation zu erreichen.

Es ist doch so, oder? Prüft es selbst. Ist das Liebe? Ich verstehe die Sehnsüchte nach Liebe voll und ganz. Jetzt erhalten wir vielleicht – nicht alle – die Beachtung, die Aufmerksamkeit, die Komplimente, welche wir dann mit Liebe und Geliebtwerden in Zusammenhang bringen – ›geblendet‹ von der großen Sehnsucht des Geliebtwerdens.

Ich hoffe, dass ich mich verständlich genug ausgedrückt habe. Wir wollen geliebt werden, weil das unserem Ego gut tut, geliebt werden nach den großen Verletzungen, die unser Ego in der Kindheit und in der Jugend im Elternhaus und in der Schule erlitten hat. Das ist also diese verständliche Sehnsucht danach, geliebt zu werden. Und wenn das dann geschieht, dann lassen wir uns darauf ein, genießen diesen Zustand, da er die Erfüllung unserer Sehnsucht verheißt.

Gerne öffnen wir dann unser Herz in den schönen Stunden, in denen wir das Gefühl haben, anerkannt, beachtet, ja geliebt zu werden. Aber wie steht es um unsere eigene Liebe? Es ist verführerisch zu hoffen, dass das schöne Gefühl, geliebt und anerkannt, ja begehrt zu werden, dass die Erfüllung dieser Sehnsucht in uns selbst Liebe auslöst.

Natürlich sind wir sehr dankbar und glücklich, geliebt zu werden. Und dann? Wir stellen vielleicht fest, dass wir uns sehr wohl fühlen, anerkannt, bewundert und geliebt zu werden. Entsteht in uns daraus unsere eigene Liebe? Wir schätzen den Menschen sehr, der uns diese Heilung fürs Ego mit seiner Liebe zukommen lässt, der unsere Sehnsucht nach dem Geliebtwerden erfüllt. Lieben wir dann zwangsläufig auch ihn, sozusagen automatisch?

Ich halte diese Frage für wichtig, um unsere Betrachtungen über die Liebe weiterzuführen. Was geschieht dann, wenn wir geliebt werden? Und was geschieht, wenn wir nicht geliebt werden? Wie gehen wir damit um? Kann man selbst lieben, ohne jegliche Sehnsucht danach, auch geliebt zu werden?

EINFACH »NUR« LIEBEN ... DAS IST ES

Setzen wir unsere Betrachtungen fort, die wir miteinander gemeinsam machen. Ihr solltet dabei versuchen, voll und ganz beteiligt zu sein – nicht so wie früher in der Schule, als der Lehrer etwas vortrug und ihr euch das dann merken solltet, um es später zu wiederholen und bei einer mündlichen oder schriftlichen Prüfung eine gute Note zu erhalten. Ihr sitzt hier nicht vor mir wie Schüler, denen ich als Lehrer etwas vortrage, um einen Wissensstoff zu vermitteln. Ich bin kein Lehrer, der euch Informationen gibt, die ihr im Gedächtnis abspeichert, um sie später, bei entsprechender Gelegenheit, zu wiederholen, denn dann würde aus dem Gedächtnis nur mechanisch rekapituliert.

Bei unserer Zusammenkunft geht es darum, dass

wir alle Fragen stellen und gemeinsam ein Niemands-
land, eine weiße Karte betreten. Wir wollen, jeder für
sich selbst, herausfinden, was es mit Liebe und Beziehung in unserem Leben derzeit auf sich hat und was
das in Zukunft für uns bedeuten kann. Also sind wir
eine Forschungsgemeinschaft; wir untersuchen viele
Fragen, die wichtig sind für unser persönliches Leben.

Das Thema ›Liebe oder Nichtliebe‹ ist sehr wichtig
für unser Lebensglück. Wir haben uns also nicht zusammengefunden, weil hier eine Lehre verkündet wird.
Ihr seid keine Schüler, und ich bin kein Lehrer. Also,
verabschiedet euch von der traditionellen Erwartung,
dass ich beispielsweise als Dozent unumstößliche
Wahrheiten verbreite und euch lehre, welche bestimmten Verhaltensweisen ihr an den Tag legen solltet. Mit
meinem Vorgehen will ich mich nicht etwa zurückziehen, sondern mich umso mehr mit euch gemeinsam
dafür engagieren, in diesem Bereich weiterzuforschen
und viele verdrängte Fragen hervorzuholen.

Es sind etliche verfestigte Meinungen über die
Liebe in unserem Denken gespeichert. Diese Meinungen wollen wir durch unsere gemeinsame Betrachtung
infrage stellen, damit sie nochmals überprüft werden,
und zwar hier und heute, aus unserer derzeitigen Situation heraus, weil wir jetzt – die meisten von uns sind
über fünfundzwanzig Jahre alt – langsam erwachsen
werden beziehungsweise in unserer Gesellschaft schon
als erwachsen gelten.

Wir sagten, geliebt zu werden sei das eine, und danach sehnen wir uns – und selbst zu lieben sei das andere. Ich halte es für elementar, das zu erkennen, sich
damit zu befassen, ob wir selbst lieben oder nur geliebt
werden möchten. Wie denkt ihr darüber?

»Ich meine, dass geliebt zu werden ein Grundbedürfnis jedes Einzelnen ist.«

Ein solches ›Grundbedürfnis‹ ist stets dann vorhanden, wenn wir wegen mangelnder Liebe in der Kindheit hier einen Nachholbedarf haben. – Das verstehen wir doch alle, oder? Fast jeder hat doch einen solchen Nachholbedarf!

Wo bleibt aber dann die Schönheit, selbst zu lieben? ›Ich möchte geliebt werden.‹ Zunächst einmal haben wir diesen Anspruch. Sollen wir nun mit dieser Einstellung immer so weitermachen? Denn: Meine Verletzungen aus der Kindheit und der Jugend sollen schließlich geheilt werden! Ist es hingegen vielleicht nicht besser, mich von dieser Erwartung zu befreien, mich völlig frei zu machen, das alles hinter mir zu lassen und in der Gegenwart zu lieben, und zwar ohne jegliche Erwartungen auf Anerkennung, ohne ein Zeichen von Gegenliebe? Das ist die Frage, die ich uns allen stelle. Ich sage nicht, wir sollten, ja müssten uns gar frei machen von der Erwartung, geliebt zu werden, sondern ich frage: Ist es möglich, einfach ›nur‹ zu lieben, liebend zu leben, ohne jegliche Erwartungen von Gegenliebe?

»Das ist unmenschlich. Es geht doch nicht, jemanden zu lieben, ohne eine Resonanz von ihm zu bekommen; oder?«

Du behauptest, das geht nicht?! Damit schiebst du dir selbst einen Riegel vor. Und um den Riegel richtig stabil zu machen, sagst du, dass es ›unmenschlich‹ sei, einfach zu lieben, ohne jegliche Gegenliebe zu erhoffen, zu wünschen oder zu erwarten, strategisch herbeizuführen oder darum zu kämpfen. Das ist nicht unmenschlich, sage ich. – Ich sage das nur; es ist also kein Dogma.

Können wir uns davon verabschieden, darauf zu hoffen oder zu erwarten, dass wir wiedergeliebt werden? Wie soll sich denn, mit einem solchen Vorbehalt, Liebe entfalten können? Stell dir vor, alle würden diesen Vorbehalt, diesen Riegel, diese Voraussetzung stellen! Dann geschieht gar nichts mehr an Liebe: Du könntest niemals geliebt werden, könntest auch nicht lieben. Diese Einstellung, die allein aus dem Denken kommt, sperrt praktisch alles zu. Du kannst nicht lieben – und auch kein anderer könnte dies tun, denn alle hätten ja den besagten Riegel vorgeschoben. Die Folge davon wäre, dass keiner das tun könnte, wonach du dich so sehr sehnst: dich lieben.

Hier sind wir an einem entscheidenden Punkt unserer Betrachtung angelangt. Ich sage ganz bewusst ›Betrachtung‹, sage nicht ›Diskussion‹. Wir diskutieren hier keine Meinungen, denn wir sind kein Diskussionsclub. Das Thema ist für uns alle viel zu wichtig, um bloß darüber zu diskutieren. Meinung gegen Meinung und danach demokratisch darüber abstimmen, welche Meinung mehr Stimmen erhält? Es geht in unseren Gesprächen nicht darum, welche Meinung am Schluss in einer Abstimmung die Mehrheit auf sich vereinigt.

Natürlich gehen wir trotzdem demokratisch vor und nicht diktatorisch, und deshalb sagte ich ja auch, dass ich kein autoritärer Lehrer bin, der Schülern etwas vorträgt, was diese dann ungefragt in ihren Wissensspeicher übernehmen.

Wir untersuchen gemeinsam das Thema ›Liebe und Beziehung zwischen Mann und Frau‹. So wie wir kein Diskussionsclub sind, so gibt es hier auch keine Frauen- oder Männerpartei. Wir lassen uns nicht in die Kategorien Mann und Frau aufspalten, denn wir sind

Menschen, und unser Geschlechtsunterschied hat nur eine erotische Bedeutung.

Ich freue mich, dass wir in unseren Betrachtungen nun schon so weit vorangekommen sind. – Es melden sich einige, um Fragen zu stellen.

»Du hast nun viele Worte darüber gemacht, warum Liebe ein wichtiges Thema zwischen Mann und Frau ist, auch darüber, dass es wichtiger sei, selbst zu lieben, also lieben zu können, anstatt darauf zu schielen, geliebt zu werden. Das habe ich verstanden. Aber wie soll das konkret in unserer Gesellschaft, so wie sie sich heute darstellt, realisiert werden können?«

Deine Frage bringt sehr vieles auf den Punkt, ja fokussiert. Deshalb vielen Dank für deine Frage. Wie soll das konkret in unserer heutigen Gesellschaft realisiert werden? Du allein kannst selbst realisieren, wie weit du gehen willst, und du allein bist die Energiepower, die das für dich realisiert, was du bereit bist zu machen. Ein kleiner Tipp an dich und an alle anderen, die hier mitmachen: einfach ›nur‹ lieben... das ist es. Auf diese Weise bist du mit einem Schritt aus der traditionellen Liebesfalle und somit auch automatisch aus der Beziehungsfalle heraus. Du bist in Freiheit. Darüber sollten wir weiterhin gemeinsam sprechen, sollten uns aber auch über den fatalen Begriff ›Treue‹ unterhalten.

5 DIE ANGST VOR DEM ALLEINSEIN

ALLEINSEIN – ODER ALLEINE ZUM SEIN?

Ich habe von einer Teilnehmerin auf einem Zettel eine Frage erhalten, die ich euch vorlesen möchte: »Du sagtest, man sollte lieben, ohne auf Gegenliebe zu schielen. Das bedeutet für mich, sehr viel Stärke zu haben. Wenn ich die aber nicht habe? Ich möchte wiedergeliebt werden, weil ich nicht allein sein will. Um das Alleinsein zu beenden, möchte ich deshalb eine liebende Beziehung haben, weil der Mensch ja auch ein soziales Wesen ist. Liebe führt aus der Isolation heraus. Dieses Thema halte ich für wichtig. Was also mache ich, wenn ich jene Stärke nicht habe?« So weit die Frage. Wie denkt ihr darüber? Ist das auch eure Meinung? Denkt ihr ähnlich?

»Es wird in der Frage angesprochen, dass es viel Stärke braucht, allein leben zu können. Wir suchen eine Beziehung, um nicht mehr allein zu sein, um das Alleinsein zu beenden, schrieb sie. Und sie meinte auch, dass die Liebe aus der Isolation herausführe. Ich verstehe das voll und ganz, denn ich möchte auch nicht alleine sein. Das sehe ich doch richtig, oder?«

Nun, das ist mehr oder weniger eine Feststellung. Du hast im Grunde ihre Gedanken wiederholt und willst damit sagen, dass du dich ihnen anschließen kannst. Was bedeutet denn nun Alleinsein?

Zunächst einmal sollten wir das Wort selbst untersuchen. Du bist allein. Das ist eine Tatsache, denn du bist du und ich bin ich. Jeder ist ein Einzelwesen. Ich denke, es ist nicht schwierig, das so zu sehen.

Mann und Frau gehen eine Beziehung ein: Frau ist Frau, Mann ist Mann, also jeder ist ein Individuum. – Bitte lacht nicht darüber, weil das so einfach klingt; es wird schon noch verwickelter, dann nämlich, wenn sich Männer und Frauen begegnen. Es ist die erotische Anziehung, die sie zusammenbringt.

Ich denke nicht, dass Männer und Frauen sehr unterschiedlich sind, etwa nach dem Motto, Frauen seien von der Venus und Männer vom Mars. Solche Unterscheidungen führen nur zu einer unrealistischen Distanzierung.

Jeder Mensch ist allein, ob als Mann oder als Frau. Das ist eine Tatsache. Auch wenn Männer und Frauen untereinander sind, so ist jeder für sich allein. Wir sind, jeder für sich, Einzelwesen, die sich in einer sozialen Gemeinschaft treffen und Meinungen austauschen, sich dann verstehen oder auch nicht verstehen, sich vielleicht bekämpfen oder eventuell einen Konsens finden. – So ist es doch... oder erzähle ich irgendwelche Märchen von einer sozialen Phantasiegesellschaft?

»Jeder ist ein Einzelwesen, sagst du. Wie meinst du das?«

Ich sage das nicht nur. Das ist nicht meine persönliche Meinung, sondern eine Tatsache.

»Gut, jeder ist ein Einzelwesen, aber durch die Liebe kommen wir doch zusammen, oder?«

Nicht nur durch die Liebe, sondern durch die vielen Interessen, miteinander zu kommunizieren und auch beispielsweise Handel zu treiben: Jener verkauft dieses und ein anderer etwas anderes, der eine braucht dieses und ein anderer etwas anderes. So sind wir alle wirtschaftlich und sozial miteinander verbunden. Das aber hat mit Liebe noch nichts zu tun. Im Handelsbereich ist jeder Einzelhändler, wie der Name sagt, ein einzelner Händler. Auch eine Prostituierte ist eine Einzelhändlerin und bietet ihre Ware Sex als ›Liebesdienst‹ feil. Ist sie nicht genauso allein mit ihrer Ware wie der Einzelhändler, der Pilze anbietet?

»Du sagst, dass wir alle allein seien, sowohl der Kaufmann an der Ecke wie auch die Prostituierte im Rotlichtmilieu?«

Ja, das möchte ich euch vor Augen halten: Jeder ist allein, ohne jedwede Einschränkung. In der sozialen Gemeinschaft treffen wir uns beispielsweise auf dem Marktplatz. Sobald der Markt schließt, treffen sich einige noch in der Kneipe und besprechen ihre Erfolge und Misserfolge bei einigen Gläsern Bier und Schnaps. Hebt das ihr Alleinsein auf? Natürlich nicht.

Mit der Liebe aber verknüpfen wir den Gedanken, dass die Liebe kein Geschäft ist, dass sie nicht auf dem Markt gehandelt werden kann, sondern uns ganz persönlich aus unserem Alleinsein herausführt. Jetzt endlich können wir, so hoffen wir, eine Verbindung finden, die uns unserem Alleinsein entreißt. Die Liebe ermöglicht das, und zwar nur sie, denn alle anderen sozialen Kontakte sind an rationale Verbindungen eines wie auch immer aussehenden Geschäftsaustauschs geknüpft. Liebe, so hoffen wir, ist kein Austausch von Faktoren des Warenhandels, bei dem ich etwas gebe und als Gegenleistung etwas erhalte. Ich denke, dass das insoweit verständlich ist.

»Willst du damit sagen, dass jemand, der liebt und

Gegenliebe erwartet, eine Art Geschäftsaustausch vornimmt?«

Genau das will ich bewusst machen, und darüber sollten wir nachdenken.

»Wenn Liebe kein sozialer Geschäftsaustausch ist, was ist sie dann? Ist Liebe ohne jede Absicht? Kann man lieben, ohne Erwartungen zu haben? Und bleibt man trotz Liebe letztendlich allein?«

Das sind Fragen, die uns in die richtige Richtung weisen. Ja, du bleibst allein. Und jetzt behaupte ich etwas, bei dem ihr mich korrigieren könnt, wenn ihr anders denken solltet, obwohl ich mir sicher bin, dass ihr anders denkt. Ich behaupte, dass Liebe auf einer ganz anderen Ebene stattfindet, schon gar nicht auf der Beziehungsebene, und dass wir unserem Alleinsein nicht entkommen können, auch wenn wir das wollen und erhoffen. Alleinsein bleibt. Und das ist, weil es eine Tatsache ist, auch in Ordnung so. Erkennt einmal die Schönheit, die darin liegt.

Ich weiß: Hier handelt es sich um einen intellektuellen Vorgang, der mit Sprache versucht, etwas Seelisches erklären zu wollen. Zwar versteht ihr die Wörter, nehmt auch wahr, was sie aussagen sollen, könnt und wollt das Ganze in eurer Seele aber nicht nachempfinden. Ihr wollt nicht akzeptieren, dass ihr allein seid, trotz der Liebe zu einem anderen Menschen. Ihr erwartet von der Liebe, dass sie euch aus diesem Alleinsein durch die Beziehung, welche ihr eingeht, herausholt. Die Beziehung ist dieser problematische Weg, der meist ins Desaster von Streit und Kampf führt.

Die Liebe aber – sofern sie vorhanden ist; das kann nur jeder für sich selbst erleben... diese Liebe ist völlig unabhängig von einer Beziehung. Lieben kann jeder für sich, nur für sich und in sich selbst allein. Ist das verständlich? Nein, denn ich sehe vor mir eure ratlosen Gesichter. Es ist nicht verständlich, weil ihr an der Tradition festhaltet und diese nicht loslassen könnt oder wollt.

Nur wenige können und wollen allein mit ihren Beinen in der Gesellschaft stehen, und nur wenige können ihr Alleinsein annehmen – und auch genießen. Die Souveränität einer Person, eines Individuums – sie erwächst aus der Energie des Alleinseins. Alleinsein können, sich selbst lieben und sich selbst genügen ist der Schlüssel zur Freiheit, in Liebe zu leben, liebend zu *sein*.

TRENNUNG ALS CHANCE

Wenn wir eine Partnerschaft oder Beziehung eingehen, um nicht mehr allein zu leben, dann ist dieses Motiv verständlich, hat allerdings nur wenig mit der Liebe selbst zu tun. Eine Annehmlichkeit, die solch eine Beziehung bietet, besteht darin, dass wir bequemer unsere Sexualität ausleben können, weil ja stets jemand da ist und – sofern der andere es will – auch dazu bereit ist. Deshalb ist die erotische Anziehung also sehr wichtig in dieser speziellen Liebe zwischen Mann und Frau.

Sobald nun diese Anziehung nachlässt, nimmt die Sexualität in ihrer Häufigkeit ab. Das kann die unterschiedlichsten Gründe haben: Alltagstrott, Gewohnheit, Streit, auch das feste Bild, das wir uns vom anderen gemacht haben, weshalb wir ihn dann nicht mehr wirklich wahrnehmen. Das geschieht in vielen Ehen und Beziehungen so; es schleicht sich so nach und nach ein abnehmendes erotisch-sexuelles Interesse ein.

Darüber haben wir bereits gesprochen. Weil das in Millionen von Partnerschaften so geschieht, bezeichnen wir diesen Vorgang als ›normal‹ – normal im Sinne von ›üblich‹ beziehungsweise, statistisch gesehen, von ›weit verbreitet‹.

Wir haben auch eine Erklärung dafür parat: Die Schmetterlinge im Bauch seien verschwunden, weil man aus der Verliebtheitsphase nun in die ›reifere Form der Liebe‹ getreten sei. Verliebtheit wird von vielen geringer bewertet als die nun angeblich eingetretene Liebe, die mit Verantwortung, Vertrautheit, Verlässlichkeit und Geborgenheit zu tun habe. Diese Werte schätzt man sehr und möchte sie auch nicht mehr missen. Außerdem hat man sich daran gewöhnt, nicht mehr allein zu sein. Der Gedanke an eine Trennung macht deshalb Angst. Aus diesem Grund ist man auch eifersüchtig, wenn beispielsweise der Partner länger als angemessen mit jemand anderem auf einer Party spricht, lacht, gar flirtet. Hinter solch einer Eifersucht verbirgt sich die Trennungsangst, also die Angst davor, wieder allein zu sein.

Es ist völlig falsch zu glauben, eine eifersüchtige Reaktion würde stets den Grad der Liebe anzeigen, die zum Partner besteht. Viele Menschen reagieren jedoch deshalb sehr eifersüchtig, weil sie Angst vor einer Trennung haben, obwohl sie ihren Partner gar nicht mehr lieben. Habt ihr Fragen dazu?

»Ich war bisher immer der Meinung, an der Eifersucht könnte ich erkennen, ob meine Partnerin mich noch liebt. Offenbar kann man sich da täuschen. Ist denn Eifersucht kein Gradmesser für Liebe?«

Eifersucht ist ein Gradmesser für die Trennungsangst, die jemand in sich trägt, und für die Verknüpfung des Selbstwertgefühls mit der Bindung des Partners an die eigene Person. Die meisten wollen stets im Zentrum des Interesses stehen; sie wollen ihren Partner so an sich binden, dass er kein Interesse an einer anderen Person zeigen sollte. Eifersucht kann sich sogar auf das Hobby des Partners ausdehnen, ja praktisch auf alles, was ihm Freude macht und was er auch alleine genießen kann. Er soll nichts allein machen, sondern es ist die Erwartung, dass alles miteinander geteilt werden sollte. Solch eine Einstellung kann extreme Auswüchse annehmen, sodass sich eine Person mit einer geringen Ichstärke nicht mehr traut, etwas allein zu unternehmen oder sich ihrem Hobby zu widmen. Das ist die eine Richtung.

Eine zweite Richtung läuft auf etwas anderes hinaus: Wenn die Liebe abkühlt, gar erloschen ist und man die Partnerschaft zwar aufrechterhält, sich aber so oft wie möglich in eigene Aktivitäten flüchtet, beispielsweise damit beginnt, intensiv Sport zu treiben, den der andere nicht mitmachen kann oder auch nicht mitmachen will, dann hat das oftmals damit zu tun, sich der Gegenwart des Partners entziehen, ja, sich ihr gar nicht erst aussetzen zu wollen. So wird der eine zum exzessiven Golfspieler, der andere zum begeisterten Angler, widmet sich der dritte dem Bergsteigen, um der Zweisamkeit zu entfliehen – einer Zweisamkeit, die einem nichts mehr gibt, weil sie jegliche erotische Anziehung verloren hat. Es wird dann um Verständnis gebeten mit Aussagen wie den folgenden: ›Schatz, du musst verstehen, ich brauche das Angeln am Wochenende zum Ausgleich für meinen Stress im Beruf. Wenn ich angle, kann ich am besten entspannen und abschalten.‹ Oder: ›Schatz, du liebst das Meer und ich die Berge. Du verstehst sicher, dass ich am Wochenende mit meinen Freunden eine Klettertour mache. Im Sommer kannst du dich ja mit unserer Tochter am Meer erholen, während ich in den Alpen einen Kletterkurs belege.‹

Eine Persönlichkeit, die über ein starkes Ich verfügt, wird sich solchen Freiraum nicht nehmen lassen und sich nicht, wie die schwächere Person, einlullen lassen und sich dann alleine nicht mehr aus dem Haus trauen. So läuft es doch in vielen Ehen. Wenn ihr euch in eurem Bekanntenkreis umschaut und genau beobachtet, werdet ihr diese und ähnliche Vorgänge beziehungsweise Verhaltensweisen überall antreffen.

»Kann es sein, dass Männer, die zu Workaholics werden und zwölf bis sechzehn Stunden am Tag arbeiten, aus ihrer Beziehung fliehen?«

Das kann nicht nur so sein, sondern es ist tatsächlich so. Das wissen auch Unternehmer, und deshalb sind ihnen Verheiratete mit ein oder zwei Kindern lieber als Unverheiratete. Ein Mitarbeiter, der in der Beziehungsfalle gefangen ist und womöglich eine Hypothekenbelastung auf seinem Haus hat, der ist doch manipulierbarer, also anpassungsbereiter, und der wird sich in seiner Arbeit mehr und mehr zeitlich engagieren, je stärker die erotische Liebe zu seiner Frau erlischt. Das wiederum lässt ihn dann immer häufiger den allseits bekannten Satz sagen: ›Hallo, Schatz, ich komme heute später, denn im Büro ist noch viel zu tun.‹ Außerdem wird solch ein Mitarbeiter gerne für

Geschäftsreisen zur Verfügung stehen, weil er froh ist, mal raus zu kommen aus dem häuslichen Beziehungstrott.

Das Paradoxe ist nun, dass er trotzdem Trennungsangst hat, sobald seine Frau über Scheidung spricht, denn auch er ist eifersüchtig, wenn sie auf einer Party mit einem anderen Mann lacht und flirtet und es genießt, Komplimente zu erhalten. Weder seine Eifersucht noch seine Trennungsangst sind ein Beweis dafür, dass er seine Partnerin noch liebt. Eifersucht ist die Egozentrik des Beherrschens des anderen, während Trennungsängste ihren Ursprung in der Angst vor dem Alleinsein haben, und diese Ängste verstärken sich in dem Maße, je weniger der Einzelne es gelernt hat, allein leben zu können. Mit Liebe hat das alles in der Regel nichts zu tun.

»Ist das nicht ernüchternd? Woran kann man denn dann noch erkennen, ob etwas aus Liebe geschieht?«

Mit dem Wort ›ernüchternd‹ bringst du zum Ausdruck, dass du es schade findest, wenn eine Ernüchterung eintritt. Ich möchte es positiver formulieren: Es ist gut, klarer zu sehen. Wir versuchen dabei, die Realitäten zu sehen und die Vernebelungen des traditionellen Denkens zu vertreiben. Trennungsangst oder Eifersucht – oder beides – sind kein Gradmesser der Liebe, sondern zeigen nur die psychische Verfassung des jeweilig betroffenen Partners.

Die zweite Frage lautete, woran man denn erkennen könne, ob etwas aus Liebe geschehe. Die Liebe kannst du nur im liebenden Verhalten erkennen, in nichts anderem. Und die spezielle Liebe zwischen Mann und Frau hat aufgrund ihrer erotischen Basis zumindest eine solch wesentliche Komponente. Wenn ihr

euch gegenseitig erotisch anziehend findet und erotisch entfaltet, auch nach Monaten oder Jahren der Beziehung, dann ist noch viel da, was mit dieser Liebe zu
tun hat.

Die meisten Paare leben zwar in einer Beziehung,
aber ihre Körper und Seelen begegnen sich nicht mehr.
Sie sehen und fühlen sich nicht mehr direkt und un-
mittelbar, weil ein Denkbild zwischen ihnen wie eine
Glaswand steht. – Das ist schwierig zu verstehen, ich
weiß. Wir werden das Thema morgen wieder aufgrei-
fen ...

DENKBILDER UND PERSÖNLICH-
KEITSSTRUKTUREN

Gestern Abend wurde ich noch gefragt, welches Denkbild ich gemeint hätte, das in den meisten Beziehungen
wie eine Glaswand zwischen Männern und Frauen stehen würde. Wir werden diese Frage jetzt gemeinsam
untersuchen.

Es ist zwar so, dass ich vor euch sitze und rede, also
sozusagen aktiv bin; das bedeutet jedoch nicht, dass
ihr passiv seid. Ihr hört zwar zu, aber Zuhören ist keine
Passivität; sie ist vielmehr Aktivität. Und je aufmerk-
samer jemand zuhört und das, was Worte aussagen,
nachzuvollziehen und zu verstehen versucht, desto
höher ist diese Aktivität.

Natürlich ist auch beim Zuhören das Denken gefordert, aber ich wende mich nicht nur an euer Denken,
sondern auch und gerade an euer Erleben, also in erster Linie an eure Seele.

Hier wird – das sagte ich bereits – kein Wissen vermittelt, werden keine Informationen weitergegeben, die zu lernen und danach einfach zu wiederholen sind, denn mit einer solchen Einstellung hättet ihr nichts von diesem Treffen. Wir forschen alle zusammen nach; das ist alles, und das ist Kommunikation. Ich werfe nur deshalb Fragen auf und stoße damit nur deshalb Prozesse an, weil ich mich mit den Dingen, die uns interessieren, ein Leben lang befasst habe.

Das ist der einzige Unterschied zwischen euch und mir. Wir begegnen uns davon unabhängig auf Augenhöhe, und ich werde euch nicht belehren, auch nicht für irgendein Produkt werben, nicht für eine Religion oder eine politische Partei, da ich keiner Religionsgemeinschaft oder Partei angehöre. Dies hier ist auch keine Werbeveranstaltung für einen Verein oder gar eine Sekte, und es besteht meinerseits keinerlei Interesse daran, euch für irgendetwas zu gewinnen oder euch zu einem bestimmten Handeln zu überreden. Ihr seid völlig frei, hier teilzunehmen, seid auch frei in eurer Entscheidung, jederzeit das Ganze abzubrechen und abzureisen.

Es geht mir einzig um die Sache selbst – eine Sache, die Aufmerksamkeit, Wachsamkeit und Konzentration erfordert. Da das Thema, das euch interessiert, uns hier zusammengeführt hat, wird wohl auch eure teilnehmende Aufmerksamkeit eine andere, positivere sein als die, welche ihr mitunter während eurer Schulzeit an den Tag gelegt habt. So hoffe ich wenigstens.

Da ich das alles schon kenne, worüber ich rede, also mir Bekanntes weitergebe, erfordern unsere Zusammenkünfte von euch sehr viel mehr Aktivität als von mir. Folglich seid ihr hier die Aktiven, während ich eher passiv bin, wenn ich spreche. Aktiv, im Sinne von

Wachsamkeit, werde ich erst, wenn ihr mir Fragen stellt und darauf verständliche Antworten erwartet.

Nachdem das deutlich gemacht ist, werden wir gemeinsam sehr intensiv untersuchen, was Denkbilder beziehungsweise Vorurteile in Beziehungen bedeuten.

Wenn Männer und Frauen in einer Partnerschaft leben, dann werden Rollen verteilt. Man sieht den anderen in seiner Rolle, das heißt, man hat vom anderen ein Rollenbild, das beispielsweise so aussieht: Du bist die Mutter der Kinder, ich bin als Vater der Geldverdiener – um es einmal auf eine sehr banale Art auszudrücken. Dennoch läuft es so in vielen Ehen oder Partnerschaften, und so oder ähnlich geschieht es in den meisten Beziehungen. Jeder trägt seinen Teil dazu bei, wenn die Rollen verteilt werden. Um es in der Sprache der Politik zu sagen: Es werden Ressorts verteilt, und so ist bald für jeden Bereich jemand zuständig.

Bevor eine solche Rollenverteilung stattfand, trafen sich Mann und Frau und verliebten sich ineinander. So sollte es sein, dass sie sich verliebten, erotisch begehrten und glücklich zueinander sagten: Ich liebe dich. Wie war das denn damals? Sie waren voller Aufmerksamkeit füreinander, sie waren so brennend neugierig darauf, sich kennen zu lernen, und so glücklich, sich gegenseitig zu erleben und zu erkennen. So war das doch hoffentlich, denn wenn es nicht so gewesen wäre, wäre man dann eine Beziehung eingegangen, wenn man nicht wirklich verliebt gewesen wäre? Das fragen sich leider nicht wenige. – Über diesen Punkt haben wir schon ausführlich gesprochen, und deshalb möchte ich mich nicht in Wiederholungen üben.

Es geht um die tatsächlich Verliebten, um die, welche durch erotische Anziehung beglückt worden sind. Was geschieht nun mit ihnen, wenn sie eine Beziehung eingegangen sind? Die Phase des Kennenlernens gilt jetzt sozusagen als abgeschlossen, und anschließend wird man sich einig darüber, dass man in einer Beziehungs-, einer Wirtschafts- und Lebensgemeinschaft zusammenleben wird.

Man hat sich also kennen gelernt, und nach Abschluss dieses Prozesses hat jeder vom anderen eine Persönlichkeitsstruktur entwickelt; er weiß, welche Eigenschaften der andere hat, was für ein Menschentyp er ist, welchem Sternkreiszeichen er angehört, aus welcher Familie er kommt, welche Schulen er absolviert hat, welche Ansichten und Meinungen er vertritt und so weiter. So entsteht eine Bildstruktur, eine Eigenschaftsmatrix, die genau darstellt, wer der andere ist und wie er denkt. – Es ist doch so, oder erzähle ich euch hier etwas vom Phantasialand?

»Ich kann das alles nachvollziehen. So war es in meiner Beziehung zu meinem Mann auch gelaufen, aber trotzdem ist die Beziehung in die Brüche gegangen, und ich bin heute geschieden und allein erziehende Mutter eines Sohnes. Worauf kann man denn noch vertrauen?«

Bitte langsam... Es wurde bisher nur beschrieben, wie sich die Partner in einer Beziehung finden und dann dort wohnlich einrichten. Du machst schon den Gedankensprung, dass Beziehungen wie die abstrakt skizzierte in die Brüche gehen werden. Du bist deshalb konsterniert, weil du ratlos bist, weil du nicht weißt, worauf du denn noch vertrauen kannst, wenn alles doch so scheinbar positiv begonnen hat.

Ich war gerade dabei zu schildern, wie es üblicherweise in einer Beziehung beginnt: Wir machen uns eine Denkstruktur. Das machen Männer und Frauen gemeinsam, denn sie sind doch gar nicht so verschieden voneinander, sind doch beide soziale Wesen. Sie basteln sich also mit ihrem Denken jene Typenstruktur, denn jeder ist ja – was durchaus verständlich ist – sein eigener Psychologe.

Dieses mit dem Denken erzeugte Bild speichern wir in unserem Kopf ab. Damit hat, um es einmal auf Neudeutsch zu sagen, der Mann seine Partnerin gescannt, während die Frau wiederum ihren Partner gescannt hat. Sie haben beide ein Charakterschema vom anderen gespeichert und damit ein ›Vorurteil‹ gebildet, von dem sie danach nur noch schwer wieder abweichen wollen. So entsteht diese Glaswand, von der ich gestern sprach. Sie leben zusammen in einer Beziehung, aber durch das Denkbild, durch die Vorurteile – und zusätzlich durch die Rollenverteilung – leben sie zwar zusammen, aber doch getrennt voneinander. – Seht ihr das?

»Warum sind sie getrennt, wenn sie doch zusammenleben? Es verbindet sie doch ihre Beziehung, oder nicht?«

Natürlich ist die Beziehung das konkret Verbindende, aber dennoch sind sie bedauerlicherweise nur scheinbar miteinander verbunden, wenn sie sich nicht täglich direkt, ganz konkret, von Augenblick zu Augenblick im Hier und Jetzt begegnen. Das geht aber offensichtlich nicht mehr, weil sie Vorurteile gebildet haben. Sie können sich dann nicht mehr direkt wahrnehmen. Es gibt aber dennoch ein Fenster in die direkte Realität – und das ist die Erotik. Wenn sie stattfindet, dann werden alle Sinne wach, dann begegnen und treffen sie sich in der Gegenwart. Das ist das Großartige an der Erotik: Sie kann alle Denkmuster durchbrechen. Ist das nicht schön, nicht wunderbar?

Aus diesem Grund gebrauche ich den Ausdruck von der ›speziellen Liebe‹, die zwischen Mann und Frau möglich ist und geschehen kann. Ich gebrauche ihn auch deshalb, um diese Liebe abzugrenzen von dem schwammigen Liebesbegriff, jeder könne und solle aus einfacher Menschenliebe jeden lieben.

Auf diese generelle Liebe werden wir zu einem anderen Zeitpunkt zu sprechen kommen. Es gibt diese generelle Liebe, womit jedoch nicht die Liebe gemeint ist, die von Theologen gepriesen wird. Wir übernehmen nicht, was Theologen sagen, sondern wollen selbst herausfinden, was es mit jener ›generellen Liebe‹, sofern es sie gibt, tatsächlich auf sich hat.

WENN DIE EROTISCHE LIEBE VERLOREN GEHT…

Wir saßen gemeinsam am See und schauten auf das Wasser. Es war ein wunderschöner Spätnachmittag, und es wehte ein leichter Wind. Einige Libellen flogen vorüber, und aus der Ferne war das Geräusch einer Säge zu hören. Die Luft war mild, und es war beruhigend, hier zu sitzen. Sie begann zu sprechen…

»Ich bin seit vier Jahren verheiratet, und wir führen gemeinsam eine gute Beziehung: Jeder hat seine Aufgaben, von denen du auch gesprochen hast. Seit einem Jahr haben wir schon keine Sexualität mehr miteinander, ist uns also irgendwie die Erotik abhanden gekommen. Ich frage mich oft, wie es dazu kommen konnte. Mit meinem Mann habe ich zwar schon darüber gesprochen; er meinte, das käme wohl daher, dass wir so viel Arbeit hätten und abends einfach zu müde seien. Ich fragte ihn dann, ob er mich noch liebe, worauf er antwortete, mit Liebe hätte das nichts zu tun, denn wir wären doch ein gutes Team, wir könnten einander vertrauen – und darauf käme es in der Ehe an. Da musste ich ihm einfach Recht geben, und ich war erst einmal beruhigt.

Aber dennoch finde ich es sehr schade, dass sexuell zwischen uns nichts mehr läuft. Wozu sind wir dann Mann und Frau, wenn wir wie Bruder und Schwester zusammenleben? Das ist dann eine Art Geschwisterliebe. Ist ja auch etwas wert, aber ich habe doch einen Mann geheiratet und nicht meinen Bruder. Oder?

Heute habe ich mir Gedanken über die Denkmuster gemacht, von denen du geredet hast. Wir leben wohl mit solchen Mustern beziehungsweise Vorurteilen zusammen, aber begegnen uns als Menschen nicht wirklich. Hat das mit diesen Mustern zu tun? Kann man diese Muster auflösen und somit ermöglichen, sich wieder gegenseitig zu berühren, zu spüren und direkter zu begegnen?«

Ihr seid eine Verbindung, eine Beziehung eingegangen und habt eure Rollen verteilt und eure Vorurteile gebildet. Jeder glaubt ja den anderen genau zu kennen. Ihr hattet Sex zusammen, aber auch da hat sich eine Gewohnheit, ein Verhaltensmuster eingestellt, und so ist der Sex langweilig geworden, die täglichen Aufgaben sind in den Vordergrund gerückt, die beruflichen Pläne, all die Hoffnungen und Sorgen. Da der Sex langweiliger wurde und sich jeder von euch auch ein ›sexuelles Bild im Denken‹ vom anderen gemacht hat, könnt ihr euch auch im Bett nicht mehr lebendig und spontan begegnen.

Die Erotik ist etwas sehr Sensibles. Sie kann aber nur in Lebendigkeit ihre Faszination entfalten; durch Routine erstarrt sie und wird schal. Jedes gedankliche Muster, das wiederholt wird, führt zu Routine und Langeweile. Das mag man bedauern; indes nützt es nichts, das zu bedauern, weil es daran nichts ändert.

»Gibt es einen Weg heraus aus dieser Sackgasse, in der meine Ehe gelandet ist?«

Zunächst einmal ist es gut, dass du (wie alle anderen) erkennst, dass man sich in eine Sackgasse manövriert hat. In einer Beziehung müssen das zwangsläufig beide erkennen. Sieht das dein Mann auch? Sollte er das nicht sehen, dann wird es schwieriger.

»Als ich zu ihm sagte, dass wir jetzt schon ein Jahr keinen Sex mehr hatten, meinte er, wir würden uns doch wunderbar verstehen und Sex wäre ihm derzeit einfach nicht so wichtig. Ich sollte Geduld haben, denn das würde später sicher wiederkommen.«

Hm, wann soll das sein? Wie lange soll man Geduld haben? Wird es nicht von Woche zu Woche zu einer Art Barriere, die dann immer schwerer überwunden werden kann? Ich möchte dich nicht beunruhigen, aber ich habe schon mehr als einmal beobachten können, dass Männer, die sich in der Ehe von der sexuellen Entfaltung zurückgezogen haben, sie verbal für ›nicht so wichtig‹ erklärten, um sich selbst und ihre Partnerin zu beruhigen … dass also diese Männer eines Tages die Erotik wieder entdeckten – indem sie sich unvermittelt in eine andere Frau verliebten und plötzlich eine Geliebte hatten.

Plötzlich wurden Erotik und Sexualität wieder wichtig, aber mit einer Neuen! Warum? Weil es wieder spannend war. Wenn wir klar hinschauen und ohne jedwede Moralvorstellung betrachten, was schließlich millionenfach geschieht, ist es doch ganz einfach: Es nutzt niemandem etwas, wenn die ›Bruder- und Schwesterliebe‹ einer langjährigen Beziehung gelobt wird und alle Vorteile einer Kameradschaft gepriesen werden, denn ein Mann bleibt ein Mann und eine Frau eine Frau, auch wenn beide glauben, dass Erotik und Sexualität jetzt nicht mehr so wichtig seien. Plötzlich wird beides doch wieder wichtig! Die Erotik hat nur geschlummert und kann jederzeit wieder erwachen. Deshalb ist Sexualität, ohne sie überzubewerten, letztlich immer wichtig.

»Die ganze Zeit über habe ich geahnt, dass Sex wichtig ist und dass unserer Liebe etwas fehlt. Es fehlt ein Teil, damit unsere Liebe wirklich rund ist. Sex ist sicher nicht alles, aber ohne Sex ist die ganze Beziehung nicht rund.«

Das hast du gut gesagt. So ist es; das ist richtig und wahr. Wir theoretisieren nicht darüber, sondern finden die Wahrheit im realen Leben. Was machst du jetzt real mit dieser Erkenntnis?

»Ich bin gerade über mich sehr erschrocken. So habe ich das noch nie formuliert. Ja, was mache ich jetzt?«

Ohne Sex ist die Beziehung nicht rund oder eben nicht vollständig, denn es fehlt ja ein Teil. Kann man diesen fehlenden Teil wieder integrieren? Das ist hier die sehr wichtige Frage. Natürlich kann man das! Da aber eine Ehe aus zwei Personen besteht, kann einer sich auf den Kopf stellen und etwas zuwege bringen wollen: Wenn der andere nicht will, nicht bereit ist mitzumachen, wird dein Wille scheitern. Das ist die große Schwierigkeit. Ich kann dir persönlich Ratschläge erteilen, die du auch umsetzen kannst – wenn aber der andere nicht mitzieht, was dann?

Du kannst dein Vorurteilsbild von deinem Partner einreißen und ihm in Freiheit mit neuen Augen begegnen. Das solltest du auf jeden Fall tun, denn das ist der richtige Weg, um lebendig aus dem Augenblick heraus zu leben und zu lieben. Es ist dein Weg aus der Sackgasse heraus. Was machen wir aber, wenn dein Mann nicht darauf eingeht und in der Sackgasse verharrt? Deshalb erwarte nicht von diesem trotzdem richtigen Weg ein Ergebnis, das du dir wünschst. Das Entscheidende ist, dass dein Weg richtig ist und du alle Denkmuster beiseite schiebst. Es ist dein Leben und deine Lebendigkeit und deine Sensitivität und deine Freude am Leben und dein Lebensglück und deine Erotik und Sexualität.

»Das habe ich verstanden. Ja, das habe ich schon immer im Stillen geahnt. Ich werde es versuchen.«

Nicht nur versuchen; das ist viel zu schwach. Lebe so, lebe intensiv und sensitiv, voller Achtsamkeit und verbunden mit deiner Seele und deinem Körper. Es ist dein Leben. Du hast ein Recht darauf, dein Leben zu leben, auch deine Sexualität zu leben, selbst wenn dein Partner sagt, Sexualität sei nicht so wichtig. Sie ist wichtig. Warte also nicht ab, bis er dir eines Tages eine Geliebte präsentiert. Dann sind die Probleme schlagartig viel größer als heute, weil er – setzen wir das einmal voraus – noch keine Geliebte hat.

Trage die Erotik wieder in eure Beziehung hinein, damit sie wieder rund wird. Sollte das nicht gelingen, weil er blockiert, dann werden wir wieder miteinander reden.

Eine Ente schwamm am Ufer vorbei. Sie hatte uns dabei immer im Auge, und sie wirkte dabei sehr souverän und selbstbewusst. Meine Gesprächspartnerin war in Gedanken versunken und blickte auf den See, ohne diese Ente zu beachten oder genauer zu betrachten.

6 LIEBE, WIE SIE SEIN SOLL

EIN GROSSES GLÜCK ...

Nach dem Abendessen, gegen neun Uhr dreißig, unternahm ich mit einem jungen Mann noch einen Spaziergang durch die Waldwege in der Umgebung unseres Hotels. Es war schön zu beobachten, wie es dunkler wurde und auch kühler.

Der junge Mann redete sehr viel Belangloses, und ich hörte ihm aufmerksam zu, da ich gespannt darauf war, worauf er zu sprechen kommen wollte. Falls über unser Gespräch die Nacht hereinbrechen sollte, hatte ich eine Taschenlampe in meiner Manteltasche, damit wir wieder zum Hotel zurückfinden konnten. Mein Begleiter achtete überhaupt nicht auf den Weg – umso mehr redete er ...

»Ich habe deine bisherigen Ausführungen über die Liebe gespannt verfolgt. Es ist für mich sehr angenehm, dass du nicht theoretisierst und abstrakte Gedanken über die Liebe entwickelst. Als Naturwissenschaftler bin ich zwar an abstrakte Theorien gewöhnt, aber du gehst die Liebe sehr praktisch und konkret an.«

Ich habe übrigens nichts gegen Theorien, denn es ist oft sehr sinnvoll, etwas auch theoretisch zu verstehen. Ich sage häufig: Nichts ist praktischer als eine gute Theorie, denn schau, wenn du eine Brücke über einen Fluss bauen möchtest, dann brauchst du theoretisches Wissen über Statik, denn eine Brücke soll ja nicht einstürzen, wenn du mit deinem Auto darüber fährst. Ein anderes Beispiel: Wenn du ein Flugzeug bauen möchtest, dann solltest du auf sehr viel Theorie zurückgreifen können, um sie danach einzusetzen, damit der Pilot beim ersten Flug nicht mit deinem Fluggerät abstürzt.

Ich habe also nichts gegen Theorien, denn sie sind wichtig. Hier widerspreche ich Goethe, der meinte, grau sei jede Theorie und grün sei des Lebens goldener Baum. Na ja, das ist Poesie, und es ist auch nicht wichtig, ob Goethe immer Recht hatte. Wir lassen uns nicht von Zitaten beeinflussen, weil jeder selbst herausfinden muss, was richtig und falsch ist, wo sich Wahrheit und Unwahrheit voneinander trennen.

Was andere einmal gesagt haben – und seien sie noch so bedeutend –, muss im gelebten Leben überprüft werden. Wenn die Brücke einstürzt, bitte, dann war die Theorie wohl falsch. Deshalb ist nichts praktischer im Leben als eine gute, also richtige Theorie. Ich habe also nichts gegen Theorien, auch wenn sie noch so abstrakt erscheinen. Deshalb habe ich auch nichts gegen das Denken und die Ratio, obwohl mir das manchmal unterstellt wird, weil ich die Seele und die Gefühle so oft betone.

»Ich freue mich, dass du so offen bist.«

Du unterstellst damit, dass ich mitunter nicht offen sei, aber jetzt, in unserem Gespräch, offen meine Gedanken zum Ausdruck bringen würde. Ich rede und schreibe immer offen, und nichts bleibt in einer Art Geheimfach verborgen. Sonst hätte das Schreiben von Büchern keinen Sinn und unser Workshop hätte keinen Wert, wenn hier etwas zurückgehalten würde. Wir sind zusammengekommen, um nach der Wahrheit über die Liebe zu forschen. Es sollte alles auf den Diskussionstisch gelegt werden, sowohl von euch als auch von mir.

»Darf ich eine persönliche Frage stellen?«

Natürlich, es wäre doch fatal, wenn eine solche nicht gestellt werden könnte.

»Ich möchte wissen, wie du mit der Liebe umgehst: Was bedeutet für dich ganz persönlich die Liebe?«

Sie ist das Wichtigste im meinem Leben, so wie das auch in deinem Leben sein sollte – und auch ist.

»Selbst wenn das nicht hier hingehören sollte, werde ich einmal etwas indiskret: Bist du derzeit verliebt?«

Was für eine Frage! Natürlich bin ich verliebt, aber frage mich nicht, in wen.

»Warum soll ich das nicht fragen?«

Weil es zu Klatsch und Tratsch führen würde. Nein, das ist nur ein Scherz: Ich liebe keine Teilnehmerin aus unserem Workshop, wenn du das meinst.

»Ich weiß ja, dass du nicht verheiratet bist. Deshalb eine weitere indiskrete Frage: Lebst du derzeit in einer Partnerschaft mit einer Frau?«

Ich lebe derzeit weder in einer Partnerschaft mit einer Frau noch in einer so genannten festen Beziehung. Ich lebe allein, also in einer Lebensgemeinschaft mit mir selbst, auch ohne Haustier, obwohl ich Hunde und Katzen als Haustiere liebe und in der Vergangenheit bei mir hatte.

»Wie ist deine ganz persönliche Erfahrung mit einer konkreten Liebe zu einer Frau?«

Ich hatte das große Glück, dass ich schon sehr früh, am Anfang meines Studiums an der Uni Tübingen, voll und ganz, praktisch mit Haut und Haaren, in die Liebe gefallen bin, sozusagen im Sinne von ›falling in love‹. Davor, in meiner Zeit als Gymnasiast, hatte ich schon einige Freundschaften mit Mädchen. Mit siebzehn hatte ich den ersten Geschlechtsverkehr, wenn du das wissen möchtest. Das war ein wunderschönes Abenteuer, aber Liebe war es noch nicht.

Erstmals richtig verliebt war ich mit etwa einundzwanzig Jahren in eine Studentin, übrigens keine Kommilitonin aus den Psychologie-Seminaren, sondern eine Studentin, die im Fach Germanistik immatrikuliert war. Ich sah sie auf der Straße und war schlagartig verzaubert; anders kann ich es nicht ausdrücken. Ich fasste meinen ganzen Mut zusammen und bereitete einen Zettel vor, auf den ich schrieb, dass ich sie gerne kennen lernen und sie zu einem Treffen in einem Tübinger Café einladen würde. Ich hatte Datum und Uhrzeit auf den Zettel geschrieben in der Hoffnung, sie bald auf der Straße wieder zu sehen, um ihr den Zettel dann in die Hand zu drücken. Zwei Tage später kam sie mir dann auch entgegen; wir lächelten uns an, und ich drückte ihr diesen vorbereiteten Zettel wortlos in die Hand.

Sie kam zum angegebenen Termin, um neunzehn Uhr, in das von mir vorgeschlagene Café, und wir nahmen uns bei der Begrüßung gegenseitig in die Arme. Aus dieser Begegnung entwickelte sich eine wunderbare Liebe.

Ich bin meinem Schicksal dankbar, dass sich daraus eine zauberhafte Liebe entwickelte. Ich war gerade einmal ein etwas über zwanzigjähriger Student ohne jegliches Einkommen und ohne jedwedes Statussymbol. Damals hatte ich noch kein Auto, sondern fuhr mit dem Fahrrad.

Es stellte sich im ersten Gespräch heraus, dass sie die Tochter eines bekannten Professors war. Dem konnte ich nur wenig entgegensetzen, denn mein Vater war ›nur‹ in einer kaufmännischen Position als leitender Angestellter in der Industrie tätig. Sie stammte also aus einem Professorenhaushalt und ich aus einer ›banalen‹ Kaufmannsfamilie – allerdings mit einem Vater, der abends zur Laute Lieder sang. Glücklicherweise, so dachte ich damals, konnte ich meinen Großvater anführen, einen Poeten, der Kurzgeschichten und Gedichte veröffentlichte und einige Zeit mit einer bekannten Schriftstellerin befreundet war.

Das alles aber war völlig unwichtig, weil wir uns ineinander unsterblich verliebten. Deshalb bin ich meinem Schicksal dankbar, dass ich schon so früh die Liebe erleben konnte, denn deshalb weiß ich, wovon ich rede, wenn ich von Liebe rede.

Diese erfüllende Liebe begegnete mir also sehr früh. Ich musste nicht um sie ringen oder erst in viele Fallen laufen, um zum Verstehen zu gelangen...

Es ist jetzt wirklich die Nacht hereingebrochen. Wir sollten nun den Weg wieder zurückgehen.

»Es war spannend, was du mir von deiner ersten Liebe erzählt hast. Kann ich darüber mehr erfahren?«

Demnächst gerne, ja, aber jetzt werde ich die Taschenlampe einschalten und den Weg zum Hotel finden. Diese kühle Luft ist wunderbar. Es ist schon erste Pilzzeit. Morgen werden wir, wenn ihr wollt, bei Tageslicht ›in die Pilze gehen‹, wie es so schön heißt...

WENN DER DREIKLANG
DURCHDRINGT ...

Gestern Abend machte ich noch einen Waldspaziergang bis tief in die Dunkelheit der Nacht hinein. Die Luft war wunderbar kühl, und der Wald gab einen einzigartigen Geruch frei, wie er nur um diese Jahreszeit, also Ende September, zum Beginn des Herbstes, zu riechen und, ja, auch zu schmecken ist.

Mein gestriger Gesprächspartner befragte mich nach meiner ersten Liebe. Das hat mich dazu inspiriert, euch heute davon zu erzählen ...

Die erste Liebe ist überaus wichtig für unser weiteres Leben, auch wenn daraus keine Ehe wird. Vielleicht schreibe ich einmal ein Buch darüber. Mit meiner ersten Liebe als Student hatte ich großes Glück. Ich möchte euch davon berichten, sofern es euch interessiert.

»Natürlich interessiert uns das. Die erste Liebe ist immer etwas Spannendes ...«

... und sie kann prägend sein für ein ganzes Leben. Sofern man Pech hat, läuft man ständig einer Illusion hinterher, und sofern man Glück hat, wirkt sich dieses Erlebnis sehr positiv auf das spätere Leben aus. Ich hatte Glück und bin dafür dem Schicksal sehr dankbar.

Meine erste Liebe konnte sich voll und ganz entfalten, denn es gab keine Hindernisse, keine irgendwie gearteten Probleme. Ich war frei und unbelastet, und sie war genauso frei. Beide steckten wir nicht mit einem Bein in irgendwelchen alten Beziehungen. Es gab kein Kind aus einer Beziehung und auch keine Familien, die uns bestimmte Auflagen machten. So konnten wir uns völlig stressfrei und unbelastet in Freiheit begegnen und voller Achtsamkeit füreinander entfalten.

Der Zauber bestand natürlich auch darin, dass es für uns beide die erste wirkliche Liebe war. Wir entdeckten also gemeinsam erstmals die Liebe zwischen Mann und Frau. Keiner von uns hatte also einen Vorsprung an Wissen, Erfahrungen oder Erlebnissen, die vielleicht eine Irritation hätten auslösen können. Das machte alles natürlich leicht und einfach.

Wenn wir uns trafen, dann waren wir ganz füreinander präsent. Es gab nichts Störendes, sondern wir konnten uns voll und ganz aufeinander im Hier und Jetzt einlassen. Wir machten gemeinsam viele Wanderungen durch die Natur und umarmten und küssten uns zwischendurch immer wieder. Wir saßen stundenlang auf der Neckarmauer beim Hölderlinturm und redeten über Gott und die Welt und sahen dabei auf die Wellen des Flusses, während die Sonne unterging und es kühler wurde.

Wir erzählten uns von unseren Plänen. Ich wollte Maler und Autor werden, sie Lyrik schreiben. Wir träumten aber nicht bloß von einer späteren beruflichen Entfaltung, sondern waren ganz konkret beieinander, konkret körperlich – was ich für sehr wichtig halte. Ich erlebte mit ihr eine Vereinigung von Körper, Seele und Geist. Die Ratio verbalisierte zwar und entwickelte Gedanken, doch dabei fassten wir uns bei den Händen und hatten körperliche Verbindung, küssten uns zwischendurch immer wieder, und die Seele vibrierte mit, weil wir uns unsere Gefühle auch verbal mitteilen konnten. Wir waren also kein intellektuelles Studentenpaar, sondern ein Körperpaar und ein Seelenpaar.

Natürlich war in allem Sexualität und Erotik mit eingeschlossen, denn Sexualität war in den Küssen, den Berührungen und in unserer Sprache mit enthalten. Wenn ich ihr sagte, dass ich sie begehrte, antwortete sie, dass sie sich auf die herannahende Dunkelheit freue, wenn wir uns später bei mir oder bei ihr auf unseren Studentenbuden im Bett nackt aneinander schmiegen konnten. Wir freuten uns beide darauf und brachten uns das in intensiven Küssen gegenseitig zum Ausdruck.

Es war ein Glücksfall, dass diese erste Liebe auf allen Ebenen, in allen Dimensionen gleichzeitig stattfand, sodass alle Ebenen von Liebe durchdrungen wurden: der Körper, die Seele und die Ratio. Und wir hatten noch einen Verbündeten unserer Liebe: die Natur. Jeden Tag schien die Sonne, es regnete nur selten, und die Nächte waren sternenklar. Oft wanderten wir nachts durch Haine und Wälder und suchten auf den Wiesen die von den Bauern aufgestapelten Heuhaufen, kletterten an ihnen hoch und buddelten eine Kuhle, lagen, uns umarmend, dort noch bis weit über Mitternacht, wobei wir in den klaren Sternenhimmel blickten. Wir verbandelten unsere Liebe mit der Natur, dem Wind und dem Sternenhimmel. Unsere Sinne waren geöffnet, und unser Denken war frei, während unsere Körper voll Verlangen aufeinander waren und keine Tabus existierten. Wir liebten uns, und auch das gesamte Universum war anwesend, und wir fühlten uns von ihm bestätigt und geliebt.

Das mag vielleicht für manche von euch kitschig klingen. Die Ratio kann das nicht voll erfassen; das ist leider so, denn sie bewertet aus der Distanz. Wenn aber Körper, Seele und Geist von zwei Menschen zu einer Einheit inmitten der Natur werden, dann geschieht etwas ganz Besonderes.

Natürlich strebt ein junger Mann nach Sex, und eine Frau verlangt in solchen Stunden danach, sexuell gedrängt, begehrt zu werden, sich in ihre Sexualität fallen zu lassen. Es ist schwer, das verbal mit Worten auszudrücken, was zwischen Mann und Frau in solchen Momenten geschieht. Ich nenne das deshalb die spezielle Liebe der Erotik zwischen Mann und Frau.

Ich betone nochmals, dass ich sehr froh und meinem Schicksal dankbar bin, dass ich das schon als gerade mal Zwanzigjähriger erfahren konnte. So erlebte ich, was Liebe zwischen Mann und Frau sein sollte, dass nämlich Körper, Seele und Geist gleichzeitig durchdrungen werden. Dieser Dreiklang ist einzigartig, geschieht auf der höchsten sensitiven Ebene.

Noch etwas fiel mir dabei auf: Es gab eine psychosomatische Reaktion. Obwohl ich damals Zigaretten rauchte, schmeckte, so sagte sie, mein Speichel beim Küssen nach Orangengeschmack. Auch ich schmeckte das. Selbst meine Handflächen waren bei unserem Beisammensein ganz trocken und sehr sensitiv. Angst erzeugt Angstschweiß, doch es gab keine Angst, es gab auch keinerlei Selbstwertproblemängste – weder bei ihr noch bei mir. Es schien, als wenn die Liebe das alles psychosomatisch hinwegwischte. Es war wunderschön, diese Reaktionen und Veränderungen an uns zu beobachten.

Wenn ihr wollt, könnt ihr dazu Fragen stellen. Habt ihr Ähnliches erlebt? Vielleicht war es nicht mit der ersten Liebe so, aber später, vielleicht nach der Trennung von einer ›Liebesbeziehung‹, in der keine Liebe war? Oder habe ich euch hier etwas erzählt, was ihr überhaupt nicht kennt, was euch deshalb gar nicht berührt, weil ihr ganz andere Erfahrungen gemacht habt?

Dir liegt etwas auf dem Herzen. Bestimmt möchtest du eine Frage stellen...

»Ich habe in meinem Leben noch nie eine so intensive Liebe erlebt, vor allem nicht in Verbindung mit der Natur, wie du es beschrieben hast. Was hat es damit auf sich?«

Die Verbindung mit der Natur kann eine Liebe tiefer machen, weil wir selbst ein Teil der Natur sind. Wir gehören zu einem größeren Ganzen, und die Liebe gehört auch dazu. Du fühlst dann in der Liebe diese große Einheit, die sehr beglückend ist.

»Ich hatte einmal eine Liebesnacht im Urlaub mit meiner damaligen Freundin. Wir liebten uns am Strand und waren sehr glücklich. Es ist für mich mein schönstes sexuelles Erlebnis, das ich hatte, weil ich meine Seele dabei intensiv spürte. Warum habe ich das in dieser Intensität bis heute nie mehr erlebt?«

Du kannst das erneut erleben, wenn du wieder alle deine Sinne für die Natur öffnest. Es muss übrigens nicht am Meer sein – es kann auch eine Sommerwiese sein mit dem Blick in die Weite eines Tals.

»Leider habe ich mich mit meiner Freundin nach dem Urlaub zerstritten, so dass ich mit ihr dieses schöne Erlebnis nicht mehr wiederholen konnte.«

Man sollte nie etwas zu wiederholen versuchen, denn das führt zu Enttäuschungen. Jeder gelebte Augenblick ist einzigartig und entfaltet seinen Charme und seinen Duft genau in diesem Moment. Versuche deshalb nie etwas zu wiederholen, ja vermeide sogar eine Wiederholung, denn sie stört das direkte Erleben, weil man darauf achtet, ob sich die vergangenen Gefühle einstellen... Doch die wollen sich dann partout nicht einstellen, weil dabei das Denken im Spiel ist. Das Denken kann keine Gefühle machen. Erinnerung stammt aus dem Gedächtnis, ist eine Funktion des Denkens. Speichere deshalb solche Liebeserlebnisse nicht im Gedächtnis ab, um sie im realen Leben später hervorzuholen beziehungsweise zu wiederholen. Das zu verstehen ist äußerst wichtig.

Ich freue mich, dass wir auf diesen elementaren Punkt gestoßen sind. Das sollte verstanden werden, jedoch nicht mit dem Denken, nicht als ein Lehrsatz, denn dann wird es nicht wirken. Vergiss also wieder folgenden Satz, den ich gesagt habe: ›Speichere deshalb solche Liebeserlebnisse nicht im Gedächtnis ab, um sie im realen Leben später hervorzuholen beziehungsweise zu wiederholen.‹ Nochmals: Vergiss diese Aussage, denn wenn nicht verstanden wird, was damit gemeint ist, hat diese Aussage keinerlei Wert für dich, ja, sie behindert dich sogar.

Wir sollten verstehen, sollten erkennen, dass es so ist, und nicht eine bloße Regel daraus machen. Es wäre doch fatal, diese Regel nun mechanisch anzuwenden, also zum Beispiel keine erotische Nacht im Sand am Meer zu verbringen oder sich nicht mehr in sternenklarer Nacht auf einem Heustapel zu lieben. Wenn du lebendig bleibst und nichts wiederholen möchtest, dann ist es jedes Mal wieder anders. Ich meine dabei nicht, sich beispielsweise mit einem anderen Partner am nächtlichen Strand zu lieben. Auch das ist problematisch, und zwar im folgenden Sinn: Wenn du in deinem nächsten Urlaub mit einem anderen Partner nachts am Strand liegst und erwartest, dass sich die tollen Gefühle, die du mit deinem vorherigen Partner ein Jahr früher erlebt hast, wieder einstellen, dann wirst du wahrscheinlich sehr enttäuscht sein, dass sie sich nicht wiederholen werden.

Gefühle müssen stets neu sein. Sie können nicht aus einer Art Erinnerungsspeicher reanimiert werden; das sollten wir erkennen. Wir sind nun auf einen ganz entscheidenden Punkt gestoßen: Gedanken können rekapituliert werden, aber Gefühle können aus dem Gedächtnis heraus nicht als Wiederholung erlebt werden. Das ist der große Unterschied zwischen Seele und Ratio. Gefühle entstehen aus dem lebendigen Augenblick heraus, Gedanken dagegen sind etwas Mechanisches, und sie können jederzeit abgefragt werden. Gefühle sind nicht einfach abzurufen und zu aktivieren, allenfalls mit einer kleinen Einschränkung, wobei die sich wiederum auf die Sexualität bezieht. Die sexuelle Lust kann rein körperlich aktiviert werden, sie ist also eher mechanisch, und sie kann deshalb wiederholt werden. Das machen ja auch viele in ihren Beziehungen und Partnerschaften.

Die Liebe ist etwas Seelisches, und dieses Emotionale kann nicht wiederholt werden, so wie man einen Gedanken wiederholen oder einen sexuellen Lustreiz erneut auslösen kann. Es wäre schön, wenn du das verstehen, nein, nicht bloß verstehen, sondern erkennen würdest.

»Sex ist wiederholbar, Liebe aber nicht. Willst du darauf hinaus? Gedanken sind wiederholbar, Gefühle aber nicht. Ist es das?«

Du bringst es auf die richtige Schiene. Gedanken sind wiederholbar. Gestern habe ich zu meiner Geliebten gesagt: ›Ich liebe dich‹, und sie hat sich darüber gefreut und das in ihrem Gedächtnis abgespeichert. Sie verleiht diesem Gedanken Stabilität und Dauer, denn sie möchte, dass ich ihn wiederhole und ihr morgen dasselbe wieder sage. – Es ist doch so. Das erkennt ihr doch alle, oder?

Und damit sind wir in der Falle gelandet: auf Wiederholung eines Ereignisses, das sich auf der Gefühlsebene abgespielt hat, zu hoffen, es zu erwarten, es als eine Bedingung zu sehen. Das Denken hat davon Besitz ergriffen, als gesagt wurde: Ich liebe dich. Jenes Denken, das nur mechanisch arbeitet, etwa wie ein Computer, erwartet eine Wiederholung. Mit deinem Computer kannst du Abgespeichertes ständig wiederholen.

Das mit den Gefühlen ist ein Problem in unserer Computerwelt. Wir passen uns in unserer Denkweise diesem System leicht mehr und mehr an, weil es unserem Denksystem entspricht. – Bitte, ich sage hier nicht nur etwas, weil es meine subjektive Meinung ist, denn es geht um etwas Generelles, das wir alle verstehen sollten. Es ist nicht meine persönliche Meinung, ist deshalb also völlig unabhängig davon, ob ich das sage oder ob ein anderer das sagt. Tatsachen haben nichts mit mir als Individuum zu tun, wenn ich sie hier ausspreche. Ist das verständlich? Ich sehe ratlose Gesichter, also ist es für viele nicht verständlich. Welche Fragen haben sich in eurem Denken gebildet?

»Du sagtest, dass das Denken wie ein Computer funktioniert, mit einem Speicher, der mit unserem Gedächtnis vergleichbar ist.«

Ein Computer ist ein Werkzeug unseres Denkens. Der Computer ist ein Bediensteter, und du solltest sein Herr sein. Er kann seinen Speicher öffnen und alles wiederholen. Du aber als lebendiger Mensch kannst die

Liebesgefühle nicht aus deinem Speichergedächtnis holen und wiederholen, ohne Probleme mit deiner Seele zu bekommen.

»Unsere Seele ist damit also nicht vergleichbar. Ist das so richtig?«

Das ist völlig richtig. Ratio und Computer sind beides nur Werkzeuge.

»Da wir Körper, Seele und Geist zur Verfügung haben, können wir den Geist wie einen Computer sehen, sollten aber unsere Seele davon völlig unabhängig sehen. Meinst du das?«

Auch das ist richtig.

»Was ist nun wichtiger für die Liebe? Das Denken, also der Geist, der Computer, oder die Seele?«

Was für eine Frage?! Das Denken und der Computer sind beides reine Werkzeuge. Also geht daraus hervor, dass Liebe allein in der Dimension der Seele möglich ist. Liebe drückt sich auch körperlich aus; das ist dann die erotische Liebe der Sexualität. Liebe ist niemals alt. Sie kommt aus keinem Speicher eines Gedächtnisses, auch nicht aus dem eines Computers. Ist das nicht schön? Das ist der Zauber der Liebe.

Deshalb kannst du zwar die Worte wiederholen: ›Ich liebe dich‹, aber nicht automatisch die Gefühle, die mit erlebter Liebe verbunden sind, eins zu eins erneuern. Warum? Die Seele ist eine ganz andere Dimension. Siehst du diese Dimension jetzt? Siehst du dich selbst mit deinem Denken verbunden, mit dieser Werkzeug-Dimension? Wenn das von dir gesehen wird, dann wird dein persönliches Leben wirklich lebendig. Dann bist du aufgewacht aus einem Schlaf, aus einer Art von Einlullung, deren Ursprung in deiner Kindheit und in deiner Jugend zu suchen ist. Wach auf! Deine Seele erwacht dann. Die Ratio bleibt stets so, wie sie ist; sie ist mechanisch. Deshalb kann sie nicht erwachen, auch nicht durch so genannte revolutionäre Gedanken.

Wir sind heute sehr weit gekommen. Ich danke euch für eure aktive Teilnahme bei diesen Gesprächen über einen wirklich schwierigen Sachverhalt.

GRAU IST JEDE WIEDERHOLUNG

Ihr habt gestern noch lange über Denken und Seele, Gedanken und Emotionen, Ratio und Liebe diskutiert. Manche haben miteinander gestritten und aggressiv reagiert. Warum ist es zu so heftigen Reaktionen gekommen? Das sollten wir gemeinsam untersuchen.

»Es hat mich irritiert, dass man Gefühle nicht wiederholen sollte oder könnte. Tut mir Leid, aber das habe ich einfach nicht verstanden.«

Das braucht dir doch nicht Leid zu tun. Es ist sehr wichtig, selbst festzustellen, etwas nicht verstanden zu haben. Völlig falsch wäre es, so zu tun, als hätte man etwas verstanden, nur um sich dadurch zu beruhigen. Es wurde von dir also nicht verstanden, warum es nicht geht, Liebesgefühle zu wiederholen. Das ist in Ordnung so. Also werden wir uns nochmals damit befassen.

Ein Beispiel: Wenn du deiner Geliebten gestern sagtest, sofern du das so gefühlt hättest: ›Ich liebe dich‹, dann hättest du deine Gefühle in Worte gefasst. Sie hat es aber sicherlich – das nehme ich an – auch gespürt und gefühlt, von dir geliebt zu werden. Als Ausdruck deiner Gefühle für sie hast du es nun zusätzlich in

Worte gefasst. Wörter entstehen aus dem Denken, und deine Freundin nimmt sie mit dem Verstand auf und speichert sie im Gedächtnis ab. Sie könnte dir deshalb jederzeit sagen, dass du am zwölften September um dreiundzwanzig Uhr zu ihr gesagt hast, dass du sie liebst. Darüber hinaus könntest du diese Worte jederzeit wiederholen, wenn du dazu aufgefordert würdest. Wenn du diese Worte jetzt zu mir sagen würdest, dann hörte ich sie sehr wohl – allein fehlte mir der Glaube. Deine seinerzeit gemachte Aussage war also eng mit deinen Gefühlen verbunden.

Es tut mir ein wenig weh, wenn ich das jetzt so sachlich beschreibe, doch es muss sein, damit es verstanden wird. Nochmals: Einmal gesagte Worte – ›Ich liebe dich!‹ – kannst du wiederholen, aber kannst du auch einmal erlebte Liebesgefühle wiederholen? Das kannst du nicht.

Wörter kommen aus dem Denken, die Liebe jedoch – und darum geht es ja – kommt aus der Seele, aus deinem Herzen, aus deinen Gefühlen. Wenn die Gefühle nun nicht da sind, dann kannst du die drei besagten Wörter zwar aussprechen, doch sind sie dann nicht ganz zutreffend. Wörter kannst du sehr schnell wiederholen, Gefühle aber nicht. Ist das verständlich?

»Du sagtest gestern, dass man Gefühle nicht so mechanisch reproduktiv wiederholen könnte, weil sie aus dem Augenblick entstehen. Deshalb sollte man Wiederholungen vermeiden.«

Wir nähern uns ganz langsam diesem Problem. Wenn wir Gefühle einfach aus dem Gedächtnisspeicher hervorholen könnten, wie das bei Wörtern aus dem Denkgedächtnis geschieht, dann wäre es einfach, dann würde es auch so funktionieren. Gefühle aber entstehen in einer anderen Dimension, auf einer Ebene, die nichts mit dem Denken zu tun hat. Fühlen und Denken sind voneinander unabhängige Dimensionen, obwohl Körper, Seele und Geist natürlich eine Einheit sind. Das macht es so schwierig, hier weitere Klarheit zu gewinnen. Wir wollen und brauchen aber Klarheit, und deshalb forschen wir weiter.

Wenn Liebesgefühle so einfach wiederholbar wären, wie das mit Wörtern geschehen kann, wäre es, wie gesagt, recht simpel, denn dann wären Liebesgefühle sofort auf Knopfdruck abrufbar. Wir könnten dann lernen, wie wir Liebesgefühle erzeugen. Du fährst einfach wieder ans Meer, wenn du dich mit deinem Partner gestritten hast oder wenn du keine erotische Anziehung mehr verspürst, und wiederholst das Stranderlebnis, das du vor einem Jahr hattest – und dann brauchst du nur noch zu warten, bis sich die einmal erlebten Liebesgefühle automatisch wieder einstellen. Das aber funktioniert nicht. Die Betonung liegt nämlich auf ›einmal erlebt‹ – ein zweites Erleben ist ein anderes Erleben, weil die Situation eine andere ist, weil ihr beide – dein Partner und du – euch in dem zurückliegenden Jahr weiterentwickelt habt, weil einfach die Voraussetzungen andere geworden sind.

Bestimmt habt ihr selbst solche oder ähnliche Situationen schon mal erlebt; wenn nicht, könnt ihr das in eurem Freundes- oder Bekanntenkreis jederzeit beobachten. Wenn euch so etwas selbst widerfahren ist, habt ihr womöglich im Stillen gedacht: Komisch, was ist bloß los mit mir? Diese Gefühle stellen sich bei mir einfach nicht ein, obwohl die Konditionen vergleichbar denen sind, wie sie vor einem Jahr herrschten. Da sich das Liebesgefühl nicht wiederholen lässt, suchen dann die meisten die Schuld bei sich, weil sie glauben, dass mit ihnen etwas nicht in Ordnung ist. – Ich hoffe, dass das so weit jetzt verständlich ist.

Es besteht kein Grund zur Irritation. Gefühle lassen sich nicht einfach wiederholen; sie sind nicht machbar, jedenfalls nicht durch simples Wiederholen, da sie nicht dem Denken entspringen.

»Deine Sätze sind verständlich. Es sind darin keine Fremdwörter enthalten, die man nicht verstehen würde. Aber trotzdem verstehe ich nicht wirklich.«

Ich verwende eine einfache Sprache, die wir auch im Alltag gebrauchen; das halte ich für notwendig. Ihr müsst also nicht in einem Lexikon nachschlagen. Warum auch? Es kommt auf die Gedanken an, nicht auf irgendein Fremdwort. Was verstehst du also nicht, was ich mit einfachen Wörtern und Sätzen verbal darstelle? Stolperst du eventuell über das einfache Wort ›Wiederholung‹?

»Das ist richtig. Ich bin der Meinung, dass Gefühle der Liebe jederzeit und absolut wiederholbar sein müssen, denn sonst würde man sich ja auf nichts mehr verlassen können. Dann könnte man letztlich doch auch keine Beziehung eingehen.«

Wir müssen langsam vorangehen, um uns jetzt nicht zu verzetteln. Du bist der Meinung, dass die Gefühle der Liebe wiederholbar sein sollten, da man sich sonst auf nichts mehr verlassen und man deshalb keine Beziehung eingehen könnte. Wenn du aber ganz konkret selbst feststellst, dass sich Gefühle der Liebe nicht einfach automatisch wiederholen lassen, dann sollten wir uns alle fragen, warum das so ist. Ich gab bereits die Antwort: Weil Liebe in der Dimension Seele lebt und nicht in der Dimension Ratio. Also sollten wir uns die Seele genauer ansehen. Mit dem Denken kann man wiederholen, weshalb auch Wörter wiederholbar, Gleichungen und Formeln abrufbar sind. Gefühle dagegen sind nicht so einfach wiederholbar, weil die Dimension Seele anderen Gesetzmäßigkeiten unterliegt als die Dimension Ratio.

Gefühle entstehen aus dem Augenblick heraus, der immer wieder neu entsteht. Das Denken dagegen hat sehr viel mit Altem, Geschehenem zu tun. Mit dem Denken kannst du Wörter abspeichern und sie jederzeit schnell hervorholen. Aber Gefühle sind nie alt; sie lassen sich deshalb nicht wie Wörter oder Sätze aus dem Gedächtnis hervorholen. Gefühle entstehen stets im Neuen, denn sie sind lebendig. Wörter dagegen sind totes Material, sind Werkzeug, vergleichbar Nägeln und Schrauben.

Gefühle kann man nie auf Knopfdruck aktivieren, weil sie stets neu und frisch sein müssen. Das ist der große Unterschied zum Denken. Wir sollten froh sein, dass wir als Menschen die unterschiedlichsten Gefühle in uns haben und sie auch offenbaren können. Das ist eine Bereicherung für unser Leben.

Liebesgefühle sind nicht machbar, nicht fixierbar, nicht wiederholbar; das ist eine Bereicherung, das ist Schönheit und macht Glückseligkeit erst möglich. Hätten wir nur das Denken, die Ratio und unseren Körper, dann würden wir wie Roboter agieren – und könnten dann übrigens auch nicht lieben. Da wir aber zusätzlich eine Seele haben, die sich zwischen Körper und Ratio bewegt, ist es für viele oft schwierig, diese drei Dimensionen auseinander zu halten und zu lokalisieren, zumal sie andererseits wieder eine Einheit bilden. Das indes macht das Leben sehr spannend und ermöglicht Glückseligkeit.

7 DIE SEXUALITÄT

EIN MITUNTER VERWIRRENDER BEREICH

Wir setzen unser Gespräch heute weiter fort, denn es ist von großer Bedeutung, jetzt auch die Sexualität mit einzubeziehen. Ist sexuelle Lust wiederholbar?

»Ja, natürlich, weil der sexuelle Trieb in unserem Körper ständig nach sexueller Befriedigung strebt.«

Die Sexualität ist nicht nur an den Körper gebunden, sondern auch an das Denken, also an unser Gedächtnis. Ein Beispiel: Wenn du gestern ein befriedigendes sexuelles Lusterlebnis mit deiner Partnerin hattest, ist das in deinem Gedächtnis gespeichert und regt nun deine Phantasie an: Du stellst dir vor, wie lustvoll es war und wie diese Lust noch gesteigert werden könnte. Dein Körper ist Materie, dein Denken mechanisch, sobald du Gedachtes und Phantasiertes im Gedächtnis abspeicherst. Deine Phantasie, also deine Vorstellung von etwas Zukünftigem, basiert ebenfalls auf Materie, weil das Denkbare und alles Vorstellbare aus ihm heraus geboren werden.

Die sexuellen Praktiken von gestern kannst du somit durchaus morgen wiederholen – sofern deine Partnerin zu einer Wiederholung bereit ist. Das ist die Voraussetzung, denn du willst diese Praktiken ja mit ihr erneut durchführen, sie also nicht bloß in deiner Vorstellung Revue passieren lassen und dabei eventuell onanieren – was natürlich auch möglich wäre.

Sexualität kann ohne die seelische Dimension praktiziert werden, also ohne Gefühle, weil die rein körperliche Sexualität aus sich selbst heraus funktioniert. – Bitte, ich möchte, bevor ihr dagegen protestiert, den Gedanken noch etwas weiter ausführen: Sexualität ist ohne Liebe möglich, vorausgesetzt natürlich, die jeweiligen Partner hegen eine gewisse Sympathie füreinander oder finden sich attraktiv oder begehren einander. Für die sexuelle Anziehung ist somit der Weg geebnet.

Gesellt sich dann zur körperlichen Sexualität noch Liebe, erhält die Sexualität eine zusätzliche Energie – und die lässt Glückseligkeit in deiner Seele entstehen. Jetzt kommt also die Seele ins Spiel. Sexuelle Lustbefriedigung des Körpers wird dann gekrönt durch zusätzliche Glücksgefühle der Liebe. Liebe fügt also noch etwas hinzu.

Die Sexualität indes genügt sich – ebenso wie der Orgasmus – zunächst einmal auf der rein körperlichen Ebene. Deshalb ist Sex auch ohne Liebe körperlich durchaus befriedigend. Machen wir uns doch nichts vor: Viele praktizieren Sex um des Sex willen. Das ist doch nichts Überraschendes, auch nichts Empörendes. In sehr vielen Partnerschaften, Beziehungen und Ehen findet Sexualität ohne Liebe statt.

Außerdem ist zu sehen: In der Prostitution findet reiner Sex ohne Liebe statt – und es wird dafür bezahlt. Und in der Pornografie findet – ich formuliere es einmal vorsichtig – gleichfalls Sex ohne Liebe statt, und wer schon einmal einen Pornofilm gesehen hat – zugegeben, es gibt ganz gute, aber auch sehr schlechte –, dem hat sich wohl kaum der Eindruck aufgedrängt, hier fände Sexualität gänzlich ohne körperliche Lustgefühle statt. Sicherlich ohne Liebe, aber durchaus verbunden mit sexueller Lust, zumindest von Seiten der männlichen Darsteller und Akteure, denn sonst wären sie ja ohne jede Erektion.

Also bitte, wir sollten das sehr realistisch betrachten: Sex ist ohne Liebe möglich und somit wiederholbar. Und noch etwas ist in diesem Zusammenhang wichtig: Wir dürfen die Liebe nicht allein an der Sexualität festmachen, sie auch nicht mit Sexualität gleichsetzen. – Das wird jetzt verständlich, so denke ich.

»Du bist doch ein Befürworter der Liebe. Warum verteidigst du nun eine Sexualität ohne Liebe?«

Also Vorsicht... und ganz langsam... Ich verteidige nicht die Sexualität ohne Liebe, sondern führe nur die Realität vor unsere Augen, und diese Realität sieht unter anderem so aus: Sexualität findet sehr oft ohne Liebe statt. Das ist eine Tatsache; ich beschreibe nur die Realität. Trotzdem bleibe ich, davon völlig unabhängig, weiterhin ein Befürworter der Liebe, denn ich sagte doch Folgendes: Wenn Liebe hinzukommt, entsteht aus der Dimension der Seele über die körperliche Befriedigung hinaus das Besondere der seelischen Glückseligkeit. Dieses Glücksgefühl bleibt all jenen verschlossen beziehungsweise versagt, die Sex um des Sex willen praktizieren.

»Jetzt glaube ich es verstanden zu haben. Du verurteilst demnach nicht die reine Sexualität, wenn sie ohne Liebe stattfindet?«

Warum sollte ich das verurteilen? Ich werte weder religiös noch moralisch, sondern sehe nur auf das, was alltäglich überall in Partnerschaften, Beziehungen und Ehen geschieht. Es ist an der Sexualität überhaupt nichts zu verurteilen, wenn sie zwischen zwei erwachsenen Personen stattfindet und Lustgefühle und körperliche Befriedigung auslöst – selbst ohne Liebe. Mit Liebe ist es zwar beglückender, aber wenn ihnen die Liebe fehlt, dann sollte ihnen doch die sexuelle Lust vergönnt werden.

Kommen wir zurück auf das Thema Wiederholung. Sexualität und Lust können wiederholt werden, weil sie mit dem Körper verbunden sind. Wörter können wiederholt werden, weil sie mit dem Denken und dem Gedächtnis verbunden sind. Beides, Körper und Denken, haben eine materielle Basis; sie funktionieren mechanisch. Es ist wichtig, das zunächst einmal deutlich zu sehen, bevor wir auf unserem Weg weiterschreiten. Erst wenn das deutlich gesehen und verstanden wird, kann erkannt werden, was es mit der Liebe auf sich hat.

Wir gehen leider sehr leichtfertig mit dem Wort ›Liebe‹ um, und deshalb sage ich, dass es das am meisten missverstandene und das am meisten missbrauchte Wort unserer Sprache ist, ja vielleicht aller Sprachen, die weltweit existieren. Sexualität kann nicht automatisch mit Liebe gleichgesetzt werden, denn sie ist das, was sie ist: sexuelles Empfinden, sexuelle Lust und körperliche Befriedigung durch den Orgasmus – oder auch Frustration, falls der Orgasmus ausbleibt.

Natürlich können Mann und Frau jederzeit miteinander eine Beziehung eingehen, weil sie Sex um des Sex willen zusammen haben. Das ist durchaus verständlich, und es geschieht millionenfach so, auch wenn den jeweiligen Paaren das Glück der Liebe versagt bleibt, sie also nicht zur Dimension der Seele gelangen. Sie nennen es ›Liebe‹, und sie sagen nach einem beiderseitigen Orgasmus vielleicht auch zum jeweils anderen: ›Ich liebe dich‹, aber es ist trotzdem keine Liebe. Wenn man es hundertmal sagt und auch

150

hundertmal per SMS beteuert: ›Ich liebe dich‹, dann muss das nicht zwangsläufig Liebe sein! Da liegt schon jemand richtiger, der sagt: ›Ich begehre dich sexuell!‹ Sich auch ohne Liebe sexuell zu begehren und zu begegnen kann durchaus wunderschön sein. Was ich euch sagen will, ist doch nur das eine: Mit der Liebe ist das alles noch viel schöner.

»Wie kann ich feststellen, ob es nur sexuelles Begehren oder auch Liebe ist?«

Warum sagst du ›nur sexuelles Begehren‹? Das sexuelle Begehren ist nicht als unbedeutend zu erachten, und es ist geringschätzig, es mit einem ›nur‹ zu versehen. Jenes sexuelle Begehren ist durchaus ein wichtiger Faktor, denn darauf basiert die spezielle Liebe der Erotik. Schließlich wollen wir doch alle nicht bloß rein körperlich begehrt werden, denn ansonsten führt das ganz schnell zu jener misslichen Situation, die mit ›sexuell missbraucht‹ beschrieben wird. Dann heißt es sofort: ›Du willst nur Sexualität, und ich bin dein Sexualobjekt. Ich fühle mich missbraucht, wenn du mich nicht liebst.‹

Deshalb wird unter Paaren so viel gelogen. Der Körper verlangt nach Sexualität, um diese aber zu rechtfertigen, sie sozusagen moralisch einwandfrei zu machen, versichert man dem anderen, ihn zu lieben, damit alles im Lot sein soll.

Bitte lacht nicht ... Das ist ein wirklich ernstes Thema. Im Namen der Liebe wird ständig gelogen. Ja, man geht eine Beziehung, eine Ehe ein, indem man sich sogar selbst belügt: Weil wir Sex zusammen hatten und haben, lieben wir uns jetzt. Viele sind davon überzeugt; sie reden sich das ein und machen sich das vor. Und viele kennen nur das; sie haben die seelische

Liebe nie erfahren und halten deshalb Sexualität im guten Glauben für Liebe. Da wir das verstehen wollen, sollten wir es nicht verurteilen.

SEXUELLE SIGNALE

Sexualität nimmt in unserer modernen Gesellschaft einen hohen Stellenwert ein. So werden beispielsweise in der Werbung viele erotische Signale und Symbole verwendet. Wenn Werbeleute sagen: ›Sex sells‹, also ›Sex verkauft‹, dann sollte das doch zu denken geben, oder?

Sexualität ist ein körperliches Bedürfnis, nach dem ein elementarer Hunger besteht. Deshalb lässt sich Sexualität auch gut vermarkten, lässt sich damit ›eine gute Mark machen‹. Neben der Prostitution ist es vor allem die Pornoindustrie, die in den modernen Medien boomt, ob auf Video, auf DVD oder im Internet. Sexualität ist somit ein Produkt, das einen Preis hat, auch wenn sie mit einem anderen Produkt eine Verbindung eingeht, indem sie bestimmte Marken aufwerten soll – so praktiziert in der Mode-, in der Automobilindustrie, der Kosmetikbranche, um nur einige Wirtschaftszweige zu nennen.

Täglich werden wir mit zahlreichen sexuellen Botschaften konfrontiert: Im Straßenbild sind Plakatwände aufgestellt, in Kaufhäusern begegnen wir Modepuppen, in Kiosken springen uns unendlich viele Cover von Zeitschriften und Magazinen ins Auge, Schaufenster von Parfümerien sind mit Fotos und Postern dekoriert – neben vielen anderen medialen Objekten senden diese Blickfänge allesamt sexuelle Reize aus.

Ich erzähle damit wirklich nichts Neues, denn ihr seid davon regelrecht eingekreist und umzingelt. Wenn ihr abends den Fernseher einschaltet, dann seht ihr Reportagen von Filmfestspielen und Galas, von Automobilrennen und Popkonzerten – und überall werden Frauen mit ausladenden Dekolletés gezeigt. Ich mache den Frauen beileibe keinen Vorwurf, wenn sie versuchen, sich sexy zu kleiden, sondern frage, warum die Kamerateams so großen Wert darauf legen, sie ins Bild zu bringen …

Und wenn über die großen Modeschauen in Paris und Mailand, in New York und London berichtet wird, dann sehen wir die neuesten Modetrends; sie offenbaren eine Mode, welche von Jahr zu Jahr erotisch-sexuell provozierender wird. Modedesigner werden gefeiert wie Popstars, und über die exzentrischsten der Models, die auf den Laufstegen neben teuren Stoffen auch viel nackte Haut zeigen, wird auf zahlreichen Modemagazinseiten über ihre Lovestorys mit Schauspielern und Popstars berichtet; sie werden ausführlich interviewt, wobei ihre Aussagen ein so großes Gewicht bekommen, als wären es bedeutende Weisheiten, die sie über ihr Leben, den Erfolg und die Liebe von sich geben. Da werden Banalitäten aufgeblasen und Lügen zu Wahrheiten hochstilisiert. Warum nur? Weil sie sexy aussehen, denn: ›Sex sells‹ – für die Zeitschriften wie für die vielen Fernsehsender.

Ihr schaut mich erstaunt an, so, als ob ich etwas erzählen würde, das für euch vollkommen neu ist. Es ist für euch aber nicht neu, nicht unbekannt, denn nahezu jeder schaut fasziniert auf diese Glamourwelt der sexuellen Reize. Warum?

Viele Frauen wollen sich von den Bildern etwas abschauen, versuchen so zu sein wie jene ›Stars‹ und ›Models‹, etwa nach dem Motto: Was hat sie, was ich nicht habe, aber vielleicht haben sollte? Auf Fragen dieser Art zielen die produzierten Bilder ab – schließlich wollen ja auch etliche Produkte an die Frau gebracht werden. Und was ›sexy macht‹, verkauft sich eben gut.

Und die Männer? Natürlich schauen sie bei Frauen auf offene Dekolletés und lange Beine, schauen sich gerne Jeans an, die aufregend eng Po und Beine umschließen. Wer kann denn nur so naiv sein und davon ausgehen, dass Männer das nicht interessiert, dass sie dabei gelangweilt wegsehen? Das sollte man den Männern nun wirklich nicht zum Vorwurf machen und sie deshalb nicht als ›schwanzgesteuert‹ titulieren. Ein Mann, der jene erotisch-sexuellen Reize ignorieren würde, wäre entweder ein ›Neutrum‹ oder homosexuell, aber Letzteres ist vielen auch wieder nicht recht. Also was nun?

Sexuelle Reize sind allgegenwärtig und nehmen von Jahr zu Jahr zu. So ist die ›freie kapitalistische‹ Gesellschaft strukturiert. Das sollten wir in Kauf nehmen, denn eine unfreie, intolerante Gesellschaft will man ja auch nicht, also ein Rückfallen in die Mottenkiste von Diktaturen, und diejenigen in unserer westlichen Welt, die beispielsweise Gefallen finden an der Verschleierung der weiblichen Schönheit hinter Gewändern und Kopftüchern, sind wohl an einer Hand abzuzählen. Die erotisch-sexuellen Reize von Frauen spielen eben für Männer eine wesentliche Rolle.

»Was hältst du für besser, die Verbergung oder die Zurschaustellung von weiblichen Reizen?«

Erotik und Sexualität sind etwas sehr Positives, und

deshalb sollte beides nicht verborgen werden. Wenn Sex allerdings ›übermäßig präsentiert‹ wird, dann steckt dahinter ein Motiv. Dieses Motiv sollte bei jedem Einzelfall genau beachtet werden. Sexualität ist dann eine Ware, ein Produkt, das seinen Preis hat. Die Produkthersteller machen ihre Waren damit verlockender und attraktiver, wodurch auch die oftmals überhöhten Preise für diese Waren akzeptiert werden. Die Frauen, welche sie dafür auswählen, wollen als Model Karriere machen, denn das ist schließlich ihr Beruf. Du kannst heute mit einem ›schönen‹ Körper gutes Geld verdienen, und die Einkommen, die dabei erzielt werden, sind mitunter vergleichbar denen eines Bestsellerautors oder eines anerkannten bildenden Künstlers, eines erfolgreichen Unternehmers, eines Top-Managers oder eines Sportstars.

Ich erzähle das nur deshalb so ausführlich, weil in dieser beschriebenen Welt des Glimmers die Dimension der Seele keine Bedeutung zu haben scheint. Genau darauf wollte ich hinaus: Die Seele ist kein Produkt, das sich vermarkten lässt; sie kann nicht gehandelt werden. Oder vielleicht doch? Jedenfalls drängt sie sich nicht in den Vordergrund, und während ›Sex sells‹ gang und gäbe ist, habe ich beispielsweise den Ausdruck ›Mind sells‹ noch nie gehört beziehungsweise gelesen. Seele lässt sich eben schlecht vermarkten.

Wir haben jetzt viel von Sexualität gesprochen, aber noch viel zu wenig von Liebe. Sexualität ist – darüber waren wir uns einig – am Körperlichen orientiert, wird auch körperlich ausgelebt und findet im Orgasmus seinen Lusthöhepunkt. Was ist mit der Liebe? Sexualität ist nicht automatisch Liebe. Und: Wie ist sie mit der Sexualität verbunden?

Deshalb nochmals ganz deutlich: Sexualität wurzelt elementar im Körper, Liebe aber entsteht in der Seele. Da uns Liebe so wichtig ist, denn in Gesprächen wird die Sexualität der Liebe stets untergeordnet, scheint da etwas schief zu laufen. Das sollte uns jetzt interessieren. Sexualität kann man kaufen, Liebe aber nicht. Das wissen wir alle und stehen dennoch ziemlich ratlos vor solchen Fragen.

Über den Körper wissen wir fast alles; er kann in allen Details fotografiert und gefilmt werden. Die Seele dagegen kann nicht fotografiert und gefilmt werden; sie entzieht sich der Veröffentlichung und somit auch der Vermarktung. Es scheint oft so, als gäbe sie es nicht, wenigstens nicht öffentlich, denn in den Medien findet sie so gut wie keine Beachtung.

Ich sagte, dass zur Sexualität die Liebe hinzukommen könne – und dann Glückseligkeit entstehe. Woher kommt diese Liebe, von der alle so viel reden? Das Wort ›Liebe‹ wird regelrecht hochgehalten, und so ist die Liebe bei vielen offenbar der ganz große Wert. Aber gerade von diesem großen Wert wissen wir nur wenig, ahnen nur etwas davon – und sehnen uns danach.

Warum nun wird der Liebe ein bedeutend höherer Stellenwert zugemessen als der Sexualität, als den sexuellen Reizen, die stets und mannigfach präsent sind? Warum wollen wir als Person trotzdem sexuelle Reize ausstrahlen, erotisch attraktiv wirken, auffallen und Begehren wecken? Das alles ist doch angeblich nur ›schnöde Sexualität‹, die nichts mit Liebe zu tun.

Wir wollen geliebt werden, aber wissen nichts von der Liebe, sehnen uns nach ihr, wissen aber nichts darüber, wie das gehen soll, solche Liebe zu bekommen, zu realisieren, zu fühlen – sie einfach zu leben. Seele scheint nicht ›sexy‹ zu sein, aber ohne Seele scheint auch Liebe nicht möglich. Wir sitzen in einem Dilemma. – Seht ihr das? Hier handelt es sich nicht um persönliche Ansichten, die ich vielleicht deshalb kundtue, um mich wichtig machen zu wollen.

Ohne Seele ist Liebe nicht möglich. Das ist kein Lehrsatz, ist auch keine Art Dogma. Ich mache lediglich darauf aufmerksam, damit wir das beobachten und nachprüfen. Vielleicht habe ich völlig Unrecht? Vielleicht erzähle ich dummes Zeug? Deshalb ist es sehr wichtig, dass sich jeder von euch mit diesem Thema beschäftigt. Ein jeder von uns kann nur dann klar sehen, wenn er es selbst sieht.

DAS BESONDERE FINDEN…

Ich denke, dass wir bei unserem letzten Gespräch sehr weit gekommen sind. In den Medien, der Gesellschaft, im Alltag: Häufig steht hier die Sexualität im Vordergrund, nicht zuletzt deshalb, weil sie sich bildlich so leicht darstellen lässt. Die Seele dagegen kann man nicht optisch abbilden. Lässt sich ein Körper fotografieren und filmen, so ist die Seele nicht materiell sichtbar – weshalb schon so mancher Chirurg in zynischer Weise gesagt hat: ›Bei all meinen Operationen habe ich noch nie eine Seele gesehen.‹ Und jeder Chirurg wird auch noch nie die Liebe gesehen haben – und trotzdem gibt es sie.

Auch Chirurgen können sich verlieben. Wenn sie bei ihren Operationen jedoch noch nie die Liebe zu Gesicht bekommen haben, dann dürfte – rein körperlich-materiell gesehen – für sie, ähnlich wie die Seele, die

Liebe nicht existieren. – Ist doch so, oder nicht? Einige lachen ob dieser Absurdität.

Ich habe jetzt zwei Arten von Lachen bemerkt: Die einen lachen, weil sie das Ganze gedanklich absurd finden, die anderen, weil sie plötzlich erkennen, dass Liebe nicht materiell gesehen werden kann, weil kein Gefühl auf irgendeine Art materiell festzumachen ist. Wenn ich beispielsweise Angst habe, kann ich dieses Gefühl nicht fotografieren, und dennoch existiert es in meiner Seele.

»Man kann aber in einem Film den ängstlichen Gesichtsausdruck eines Menschen festmachen. Der Zuschauer sieht dann die Angst dieses Menschen.«

Die Seele drückt sich aus. Sie zeigt sich in Mimik, Gesten und Verhalten. Das kann man dann sehen, fotografieren oder filmen. Wir wissen um die Existenz von Angst und Freude, von Liebe und Glückseligkeit, weil wir das alles in uns selbst fühlen. Und das alles wiederum lässt sich auch an der Mimik eines Menschen und an dessen Körpersprache regelrecht ›ablesen‹. Die Seele gibt es also offensichtlich.

Nun sind wir wieder einen Schritt weitergekommen: Es existiert also die Seele und all das, was in ihr enthalten ist, wie Aggression und Wut, Angst und Sehnsucht, Depression und Langeweile, Eifersucht und Neid, Geborgenheit und Liebe. Jeder weiß doch selbst, wie es sich anfühlt, Angst zu haben oder verliebt zu sein oder eifersüchtig zu sein. Demnach gibt es die Seele, jenes schwer zu definierende Etwas, das von vielen Naturwissenschaftlern oberflächlich infrage gestellt wird, vor allem von jenen, die annehmen, dass alles mit der Vernunft erfasst werden kann.

Übrigens: Kein Chirurg der Welt hat je in einem

Körper einen Gedanken gefunden, aber kein Chirurg würde wohl zu denken geben, ob Gedanken existent sind. Gedanken werden anerkannt, aber seltsamerweise wird die Seele in eine Nebenecke geschoben, wobei sie nicht selten als wirre Phantasievorstellung hoffnungsloser Romantiker abgetan wird.

Ich habe mich mit sehr vielen Medizinern, Neurologen und Psychiatern darüber unterhalten. Es ist wirklich seltsam: Von allen werden Gedanken in ihrer Existenz anerkannt, während nicht wenige dieser Gelehrten Emotionen in eine Region der Unwissenschaftlichkeit verbannen und ihnen somit eine geringe Bedeutung beimessen, so, als sei Emotionalität eine Art Störung, und wieder andere Intellektuelle ordnen Emotionen dem Bereich ›Sentimentalitäten‹ zu. Es ist schon merkwürdig: Gedanken, so absurd sie auch sein mögen, werden nahezu von jedem ernst genommen, aber Gefühle, so echt sie sind, werden von vielen abqualifiziert.

Wie es Gedanken gibt, so gibt es auch Gefühle. Davon unabhängig existiert die Dimension der Seele, und ich denke, niemand von uns wird das infrage stellen.

Die Dimension der Gedanken ist das eine. Damit werden wir uns auch weiterhin immer wieder befassen. Die Dimension der Seele ist das andere, und auch damit werden wir uns weiter befassen. Davon unabhängig haben wir noch unseren Körper, der dazu bestimmt ist, dass in ihm Gedanken und Gefühle stattfinden.

Ich will den Körper nicht in den Hintergrund schieben und die Seele in den Vordergrund rücken. Andererseits macht es mich etwas betrübt, wenn ich beobachte, wie für viele Menschen die Gedanken zu sehr im Vordergrund stehen. – Du möchtest eine Frage stellen …

»Es ist für mich verständlich geworden, dass Gedanken und Gefühle nicht materiell sind. Aber sie sind trotzdem vorhanden. Die Liebe materialisiert sich im Körper durch die Sexualität. Kann man das so sagen?«

Ein guter Gedanke. Obwohl sie nicht materiell fixierbar sind, sind Gefühle und Gedanken vorhanden. Sie sollten daher niemals ignoriert werden. Zum zweiten Teil deiner Frage: Die Liebe materialisiert sich im Körper durch die Sexualität. Das ist ein sehr wichtiger Satz. Sagt dieser Satz eine Wahrheit aus? Was können wir dieser Aussage entnehmen? Es lohnt sich, sie näher zu untersuchen...

Die Liebe materialisiere sich im Körper durch die Sexualität. Das sei für dich, wie du sagst, eine Tatsache. Auf dieser Ebene findet Sexualität statt. Aber wieder einmal wird hier die Liebe mit der Materialisierung im Körper in Zusammenhang gebracht. Liebe materialisiere sich im Körper. Es kann sich doch aber nur im Körper etwas materialisieren, was zuvor im Geist und in der Seele vorhanden war, vor allem in der Seele, oder nicht?

Bitte korrigiert mich, wenn ihr anderer Ansicht seid. Wenn ich dieser Aussage glauben soll, dann liegt doch der Ursprung der Liebe in der Sexualität. Die Sexualität jedoch ist – darüber sprachen wir bereits – eine Folge des Denkens! Das Denken wiederum kann – und auch darüber sprachen wir bereits – aber keine Liebe erzeugen. Schließlich haben wir auch darüber gesprochen, dass die Seele der Ursprung der Liebe ist.

Für die Liebe ist der Körper der materielle Resonanzboden, auf dem sie dann stattfindet, wenn sie sich in der Sexualität äußert und weil der Körper Sexualität in sich hat. Der Körper drückt Liebe durch Sexualität aus. Also scheint es da etwas ganz Besonderes zu geben, das wir finden sollten, um uns selbst zu verstehen.

Für heute sollten wir das auf uns wirken lassen. Daraus ergeben sich dann viele weiterführende Fragen.

SEELE UND SEXUALITÄT

Wie hängen Seele und Sexualität miteinander zusammen? Wir stellten fest: Sexualität ist durchaus ohne Liebe möglich, wobei viele das auch gar nicht anders kennen. Wir stellten auch fest: Wenn beim Sex Liebe hinzukommt, entsteht Glückseligkeit. Dann ist der Körper der Resonanzboden, auf dem die Melodie der Liebe zum Klingen kommt, vergleichbar einer Gitarre, deren Resonanzboden die gespielte Melodie erklingen lässt. Wenn ein Musiker mit ganzer Seele spielt, dann bezaubert uns die Melodie mehr, als wenn jemand mit einer grandiosen Technik, aber ohne Seele spielt. Ein sensibler Zuhörer fühlt das.

Deshalb ist die Seele sehr wichtig, viel wichtiger, als es der Körper ist. Dabei ist der Körper beileibe nicht unwichtig, da er als Resonanzboden unabdingbar dazugehört. Der Körper kann und sollte daher nicht wegdiskutiert werden.

Ich habe es schon gesagt, wiederhole es aber noch einmal: Liebe lässt sich nicht herbeidenken, kann nicht erdacht werden; sie entsteht nicht im Denken, sondern in der Seele. Deshalb schätze ich das Denken nicht gering ein, erfüllt es doch eine wichtige Funktion, sobald es gebraucht wird. So sind beispielsweise die Lösung einer Rechenaufgabe oder das Benutzen von Computer-Software ohne das Denken nicht möglich.

Kurz zu einem anderen Punkt: Viele glauben, Männer wären mehr vom Verstand, vom Denken bestimmt und Frauen mehr vom Gefühl. Das ist wohl ein weit verbreitetes Vorurteil, über das wir auch noch sprechen sollten ...

Liebe entsteht nicht im Denken, auch nicht in den Sexualorganen, sondern in der Seele. Dort liegt ihr Ursprung. Weil nun die Seele nichts Isoliertes ist, sondern mit dem Körper und dem Denken in Verbindung steht, ist das Ganze so kompliziert und kommt es schnell zu Verwirrungen. Das wollen wir entwirren. Es sollte für uns nicht ganz unmöglich sein, denn die Liebe ist in uns Menschen schon sehr viel früher vorhanden als die Sexualität, die erst in der Pubertät durch die Geschlechtsreife erwacht, und bedeutend früher vorhanden als die spezielle Liebe zwischen Mann und Frau, die erst eine Weile nach dem Erwachen der Sexualität auftaucht.

Ein Kind ist bereits liebesfähig. Ich meine jetzt nicht die Liebe zu den Eltern, denn viele Kinder lieben ihre Eltern nicht, weil sie viel zu oft von ihnen eingeschränkt, bestraft und aggressiv behandelt werden. Kinder sind einfach nur abhängig von ihren Eltern, weil sie Nahrung brauchen und Schutz. Viele Eltern lieben ihre Kinder nicht wirklich, weil sie oft gestresst sind, berufliche Sorgen haben, unter Beziehungs- und Eheproblemen leiden und von ihren Neurosen beansprucht werden. Deshalb sollen Kinder dann möglichst ruhig sein und nicht stören. Trotzdem wollen Eltern nicht auf ihre Kinder verzichten, denn sie gehören ja zu einer Ehe dazu.

Ist es nicht oft so, dass Kinder zunächst gewünscht werden, sie später aber, im Alltag, oft lästig fallen und deshalb nicht mehr wirklich geliebt werden? Kinder fühlen, wenn sie nicht geliebt werden. Sie müssen sich damit notgedrungen arrangieren und weiter wachsen, weil ihnen nichts anderes übrig bleibt. Die meisten suchen und finden Wege, um ihre Kindheit trotzdem zu genießen.

»Wie aber ist es mit Kindern, die in einer zerrütteten Familie heranwachsen, in welcher der Vater beispielsweise Alkoholiker ist und seine Frau und auch die Kinder schlägt?«

Das ist natürlich ein Extremfall. Es gibt jedoch auch Eltern, die emotional kalt sind, weil sie sich nicht lieben, sich nur streiten, die verbittert sind, ja, sich gegenseitig hassen. Auch das spürt das Kind. Dann ist es besser, wenn sich die Eltern scheiden lassen und das Kind entweder beim Vater oder bei der Mutter heranwächst. Das kann für die Psyche eines Kindes oft gesünder sein, als in einer kalten Atmosphäre von Lieblosigkeit zwischen den Eltern heranzuwachsen, denn das lässt oft große Entfaltungshemmnisse für die Seele eines Kindes entstehen. – Gehen wir aber in unserer Betrachtung nicht von so negativen Voraussetzungen aus, obwohl sie leider häufig auftreten.

In bäuerlichen Großfamilien hatte das Kind die Möglichkeit, sich mit Tieren zu befassen, mit dem Hund, der Katze, der Ziege, und es hatte viel Raum zum Spielen in der Natur, im Garten oder auf dem Feld und am nahe gelegenen Fluss oder Teich. Mitunter lebten auch die Großeltern unter einem Dach mit der Familie, wobei sie dann dem Kind liebevolle Zuwendung gaben. In diesen Fällen konnte die fehlende Liebe kompensiert werden.

Ich behaupte, Kinder haben einen unbändigen Drang danach, alle ihre Sinne zu öffnen und sich ihrer Umwelt zu nähern. Sie wollen mit der Hand berühren und streicheln, wollen schauen und auf Töne lauschen und erforschen, wie etwas riecht, wie etwas schmeckt und wie schwer und leicht etwas in der Hand liegt. Kinder sind neugierig mit ihren Sinnen, und deshalb sollte jede Kindheit durch die Entfaltung der Sinnlichkeit geprägt sein. Durch diese Sensitivität entsteht ein seelischer Bezug zur Wirklichkeit, der mit Liebe zu tun hat. So können Kinder den liebenden Kontakt zur Umwelt entdecken, auch wenn sie von ihren Eltern nicht geliebt werden.

»Ist es nicht viel wichtiger, dass Kinder in einer Familie heranwachsen, in der sie angenommen und geliebt werden? Was soll diese Beschreibung der negativen Beispiele?«

Damit möchte ich deutlich machen, dass sich auch unter schwierigen sozialen und emotionalen Bedingungen die Seele Wege bahnt zur Entfaltung von Sensitivität und Liebe. Das zeigt elementare Energie und Kraft – Eigenschaften, die in jedem Kind vorhanden sind, um sich seine Umgebung über alle Sinne zu erschließen. Und hier liegt der Ursprung der Fähigkeit zu lieben, lange bevor eine Entdeckung der Sexualität stattfindet. Es ist mir sehr wichtig, euch auch das vor Augen zu führen.

Natürlich wäre es schön, wenn alle Kinder der Welt in liebevollen Elternbeziehungen und intakter Umwelt heranwachsen würden. Aber das ist ein Wunschgedanke, eine Illusion, denn die Realität sieht millionenfach ganz anders aus.

Ich möchte euch vor Augen führen, dass Kinder, weil sie jung und unverbildet sind, die Chance haben, sich über ihre Sensitivität einen emotionalen Weg zu erschließen, sodass sich ihre Seele ausweitet und sie liebesfähig werden, trotz aller häuslichen Widrigkeiten. Dieses Seelische ist eine starke Energie. Sie ist aber nicht stark genug, um brutale Verhältnisse im Elternhaus auf Dauer zu ertragen. Wie gesagt, sollten wir uns nicht mit solchen extrem negativen Beispielen weiter beschäftigen, obwohl es sie gibt, obwohl sie geändert werden sollten und auch müssen.

»In diesem Zusammenhang eine Frage: Gibt es liebesunfähige Mädchen und Jungen?«

Es gibt sie natürlich immer häufiger. In der Pubertät, wenn die Sexualität hinzukommt, werden sie Sexualität nur rudimentär mit Liebe in Verbindung bringen, sondern mit einer neuen Form der Lustgewinnung und einer entstehenden Macht über die Triebe und die Bedürfnisse anderer. Sie entdecken, dass man begehrt wird wegen der körperlichen Merkmale und Reize, und das freut sie, denn damit können sie Macht über andere gewinnen. Das hat mit Liebe nichts zu tun, obwohl das Wort ›Liebe‹ dabei vielleicht ausgesprochen wird. Das Wort ›Liebe‹ allein ist aber nicht Liebe.

Meine Güte, ihr macht es mir wirklich schwer, über die Liebe zu sprechen. Es gibt hier so viel Skepsis…

»Ist Skepsis nicht angebracht? Führt Euphorie zur Liebe nicht in einen Abgrund der Schwäche und des Ausgenutztwerdens?«

Es ist immer angebracht, Fragen zu stellen. Ich rede keiner Euphorie das Wort. Alles soll hinterfragt werden. Was ist ein ›Abgrund der Schwäche‹? Diese Frage werden wir morgen gemeinsam untersuchen. Aber ich möchte nochmals festhalten, dass Liebe in der Seele entsteht, und ich möchte explizit bemerken, dass solche Liebe niemals, wirklich niemals, mit Ausnutzenwollen zu tun hat…

8 LIEBESFÄHIGKEIT

WENN SEELE NICHT EXISTIERT UND LIEBE UNFÄHIG IST ...

Sie war etwa dreißig Jahre alt, war unverheiratet, und sie bat mich um einen gemeinsamen Spaziergang vor dem Abendessen. Es war ein sonnendurchfluteter Spätnachmittag; die Luft war mild und führte Gerüche und Düfte mit sich. Sie blickte nur auf den Weg, während sie sprach, und konnte deshalb den Vogel im Geäst nicht sehen, nahm auch die zarte Färbung der Wolken nicht wahr. So ist das, wenn die Gedanken kreisen und das Denken alle Energie auf sich zieht.

»Es hat mich berührt, wie du heute über die Seele gesprochen hast, weil ich mich in einen Mann verliebt habe, der Probleme mit der Seele hat. Wir sind seit gut einem Jahr ein Paar. Er ist beruflich sehr erfolgreich und sieht gut aus, ist sehr gepflegt und intelligent. Auf den ersten Blick war er mein absoluter Traummann. Ich dachte, das ist der Richtige.«

Und? Ist er der Richtige?

»In den letzten Monaten kamen mir mehr und mehr Zweifel.«

Lebt ihr zusammen?

»Nein, aber das ist geplant. Schon im vergangenen Herbst sprach er von Heirat. Er ist übrigens geschieden und hat zwei Kinder, die bei seiner geschiedenen Frau leben.«

Wobei sind dir Zweifel gekommen?

»Ich bezweifle, dass er mich liebt, weil ich vermute, dass er liebesunfähig ist.«

Das solltest du mir näher beschreiben. Sagt er dir, dass er dich liebt?

»Per SMS schreibt er: ›Ich liebe dich‹, aber mit Worten sagt er es nur selten. Ich vermute, er macht sich etwas vor und meint, er liebt mich, obwohl es vielleicht gar keine Liebe ist.«

Wodurch bist du zu dieser Vermutung gekommen?

»Heute ist mir einiges deutlicher geworden, was ich bisher nur geahnt habe. Er ist ein reiner Verstandesmensch und bezeichnet sich selbst als Intellektuellen; er hat studiert und promoviert. Sein Elternhaus war kleinbürgerlich, und er sagte mir, seine Mutter war kalt und streng gewesen, während der Vater ein notorischer Fremdgänger war. Beide leben heute nicht mehr. Sie sind vor einigen Jahren bei einem Autounfall ums Leben gekommen: man vermutet, ausgelöst durch einen heftigen Streit während der Fahrt. Aber das nur nebenbei.

Er hatte eine freudlose Kindheit in der Großstadt. Mit seinen Eltern lebte er in einem Mietshaus in der City. Deshalb hat er auch keinerlei Beziehung zur Natur. Er sagte einmal: ›Natur gibt mir nichts; sie lässt mich kalt. Ich verstehe nicht, was für ein Aufhebens die Naturschützer und die Tierschützer um die Natur machen.‹

Diese Sensitivität, von der du sprichst, also die Offenheit aller Sinne, etwa für Pflanzen und Blumen, die kennt er nicht. Er schenkt mir zwar Rosen, aber nur, weil man das so macht. Dabei schaut er sie nicht an, riecht auch nicht, um ihren Duft wahrzunehmen.

Ich bin ein sehr sensibler und sensitiver Mensch und bin als Kind in der Natur aufgewachsen. Als junges Mädchen beispielsweise habe ich mir sehr oft Ferien ausgesucht, die als ›Zeltlager an einem See‹ angeboten wurden.«

Das ist gut. Ich verstehe, worauf du hinauswillst.

»Er ist ein reiner Denkmensch und total von seiner Intelligenz überzeugt. Aber er achtet auch auf seinen Körper, kontrolliert täglich sein Gewicht, um nicht zuzunehmen. Seine optische Erscheinung ist ihm überaus wichtig; er ist gepflegt und gut gekleidet. Einmal sagte er zu mir: ›Gutes Aussehen ist wichtig für das Image, und Image ist wichtig für den Erfolg im Beruf und in der Gesellschaft.‹ Das sieht er rein sachlich, nicht weil er seinen Körper liebt. Er ist eitel, immer auf seine Wirkung bedacht; er plant alles und kann oder will nicht spontan sein.

So plant er auch seine Beziehung zu mir, weil ich gut aussehe und mich ›richtig kleide‹, wie er einmal anerkennend sagte, und weil ich eine ›gute Grundbildung‹ hätte und weil ich ›vorzeigbar‹ wäre. Er meint das überhaupt nicht zynisch. Wie ich über solche Sprüche denke, das ist ihm völlig fremd, denn er sieht es nicht anders, will es vielleicht auch gar nicht anders sehen.

Weil ich mich oft von meinen Emotionen leiten lasse, sprach ich einmal mit ihm über die Seele. Er sagte: ›Seele gibt es nicht. So ein Quatsch. Das ist eine Erfindung der Psychologen.‹ Ich fragte ihn, was er denn dann von Gefühlen halten würde. Seine Antwort: ›Gefühle sind etwas für dumme Menschen, die nicht genug Intelligenz besitzen; sie bleiben auf der unteren Treppe der Gehaltsstufe stehen.‹ – ›Sie haben aber eine Seele‹, erwiderte ich ihm. ›Es gibt keine Seele‹, antwortete er mir. ›Hast du denn keine Seele?‹, fragte ich ihn, woraufhin er meinte: ›Ich habe meinen Verstand, meine Intelligenz und löse Probleme mit dem Denken. Das ist das Beste, was der Mensch hat. Emotionen führen nur zu Irritationen. Wenn du weiterkommen willst, dann solltest du sie draußen vorlassen.‹ Das hat mich alles doch sehr nachdenklich gemacht. Kann dieser Mann überhaupt lieben?«

Er geht davon aus, dass er lieben kann. Es ist ihm nicht bewusst, dass Liebe in der Seele entsteht. Er hat ein Liebesverständnis, das er sicherlich rational erklären kann. Und er denkt, diese Frau passt altersmäßig, sie ist attraktiv, gebildet und vorzeigbar, die kann ich heiraten, um meinem Image zu entsprechen. Zu ihr sage ich aus der Ratio heraus, dass ich sie liebe, und schenke ihr Blumen, damit sie sich freut, obwohl mir Blumen eigentlich gar nichts bedeuten, aber das spielt ja keine Rolle; Hauptsache, sie gefallen ihr, rein ›flirttechnisch‹ gesehen. – Wie klappt es denn mit euch sexuell?

»Nun, er hat einen attraktiven Körper und ist potent. Sein sexuelles Verhalten kommt mir manchmal so vor, als hätte er es in Pornofilmen abgeguckt und als wolle er den perfekten Liebespartner darstellen. Er agiert sexuell, probiert alles aus, ist dabei potent, kennt alle erogenen Zonen, ist für eine Frau ein guter Sexpartner. Sexuelle Lust kann er genießen und mir auch geben. Die Sexualität ist also nicht der entscheidende Punkt. Er schafft es, dass ich einen Orgasmus bekomme, obwohl ich bei meinen früheren Partnern damit oft große Probleme hatte.«

Ich ahne, was du als Nächstes sagen willst. Sexuell scheint alles scheinbar in Ordnung zu sein, aber dich irritiert seine Seelenlosigkeit.

»Genau das ist es. Und darauf habe ich ihn auch angesprochen, denn ich bin nun wirklich keine duckmäuserische graue Maus, die alles mit sich machen lässt und nicht intelligent genug ist, um Fragen zu stellen. Deshalb fragte ich ihn, ob er mich neben der erotisch-körperlichen Sexualität auch seelisch lieben würde. Und darauf antwortete er mir: ›Wenn es körperlich klappt, dann ist das doch der Beweis, dass wir zusammenpassen und heiraten sollten.‹

Dann fragte ich ihn, ob seine Seele das auch so fühlt. Und darauf antwortete er mir ziemlich gereizt: ›Was hast du bloß immer mit deiner Seele? Du kommst mir ziemlich überspannt vor.‹ So greift er mich dann an – und das verletzt mich.«

Er weiß wirklich nicht, wovon du sprichst, wenn du das Wort ›Seele‹ ins Spiel bringst. Er hat seine Seele, die er natürlich hat, schon von Kindheit und Jugend an in den Hintergrund geschoben und sich für die beiden Dimensionen Ratio und Körper entschieden. Seine Seele hat er verdrängt.

»Er sagte zu mir auch einmal: ›Meine Seele kann ich nicht finden.‹«

Das ist ein Schlüsselsatz, um ihn zu verstehen. Er kann seine Seele nicht finden, weil er sie mehr und mehr verdrängt und sie schon in der Kindheit nicht entfaltet hat. Und weil er seine Seele nicht richtig kennen gelernt, sie nicht voll und ganz mit aller Emotionalität und Intensität erlebt hat, vermisst er auch nichts. Du aber vermisst bei ihm die Seele. Er weiß aber nicht, wovon du da überhaupt sprichst, denn was man nicht kennt, das kann man auch nicht vermissen. Seelenverdrängung führt zur Liebesunfähigkeit. Er liebt dich nicht seelisch, weil er davon nichts kennt. Er schätzt dich körperlich, gedanklich, bildungsmäßig, weil er nur das kennt. Er nennt es ›Liebe‹ und gebraucht dieses Wort, indem er es dir per SMS zusendet. Das Wort ›Liebe‹ bleibt nur ein Wort; es ist für ihn nicht die seelische Wirklichkeit. Und er wird es auch in Zukunft nicht verstehen, wenn du mit ihm darüber diskutieren möchtest, denn wenn man etwas nicht erlebt hat und sich in einer Sache absolut nicht auskennt, dann will man sich darüber auch nicht unterhalten – schließlich will man ja nicht irgendeine Unkenntnis offenbaren, denn das wiederum könnte dem Image schaden, auf dessen Perfektion man ja so bedacht ist.

Mit seiner Ratio und seinem Körper, also mit seiner Sexualität, definiert dein Freund Liebe. Es fehlt bei ihm das Dritte im Bunde, die Seele. Deshalb ist seine Liebe nicht rund. Das hast du glücklicherweise gespürt.

DIE AURA DER LIEBE

Ich habe heute vor dem Abendessen mit einer Teilnehmerin einen Spaziergang gemacht. Wir sprachen über Körper, Ratio und Seele, jene drei Dimensionen, die bei jedem von uns gleichwertig zu ihrer Entfaltung kommen sollten, damit wir als Mensch wirklich rund sind. Ihr könnt überall unter den Menschen beobachten, dass die Dimension Seele von vielen zurückgedrängt wird.

Bei der Entfaltung der Erotik hat die Seele eine besonders wichtige Bedeutung, ja, sie ist hier noch wichtiger als das Körperliche, also das Sexuelle zwischen Mann und Frau.

Ich habe von meiner ersten Liebe als Student erzählt. Diese Liebe entfaltete sich auf allen drei Ebenen gleichzeitig, also Körper, Geist und Seele waren beteiligt, und deshalb war diese Liebe rund und voller Lebensfreude. Keine Dimension kam zu kurz oder lag brach oder wurde verdrängt. Mir ist damals erstmals aufgefallen, dass durch diese Liebe etwas geschah ...

Wenn wir gemeinsam in einem Café oder Restaurant auftauchten, wurden wir sogleich von anderen beobachtet. Die Kellnerinnen und Kellner waren sehr freundlich und strahlten, sobald sie uns sahen. Wenn wir im Supermarkt einkauften, drehten sich andere Kunden nach uns um, und ich hatte den Eindruck, dass man wohlwollende, neugierige und interessierte Blicke auf uns richtete. Bei all dem hatte ich ein energievolles Empfinden, so, als könnte uns alles gelingen und die Menschen würden uns jeden Wunsch erfüllen, weil sie durch unsere Anwesenheit aus einer Lethargie gelangten. So habe ich es gefühlt, und es machte mich glücklich, aber ich konnte es damals noch nicht verstehen.

Jetzt habe ich aber genug über meine erste Liebe erzählt, denn je mehr man über sich erzählt, desto öfter heißt es über einen, man sei eitel und selbstgefällig.

In meinem Leben habe ich dieses Phänomen immer wieder auch bei anderen beobachtet, also bei anderen Liebespaaren, und mit den Menschen darüber gesprochen. So habe ich einen Blick dafür bekommen, wenn ich ein Paar sehe, das sich liebt, also wirklich ›rund‹ liebt in der Entfaltung ihrer beiden Seelen. Ein solches Liebespaar hat eine Aura der Liebe um sich; es strahlt eine Energie aus. Ich mag das Wort ›Aura‹ eigentlich nicht so gerne, weil es mit Vorurteilen behaftet ist und nicht selten mit dem Bereich der Esoterik in Zusammenhang gebracht wird.

Verwenden wir das Wort jetzt trotzdem. Habt ihr schon einmal ein Liebespaar gesehen, auch einzelne Menschen, welche diese Aura hatten? Hat jemand das schon einmal wahrgenommen?

»Ich war vor drei Jahren in meinen Partner sehr verliebt. Es war eine ›runde‹ Liebe, so eine, die du beschrieben hast. Ich war sehr glücklich und blühte richtiggehend auf. Das fiel allen Personen in meiner Umgebung auf. Sie sagten zu mir: ›Du strahlst etwas aus; du siehst weich aus. Man sieht, dass es dir gut geht.‹ Und einige sagten auch: ›Du leuchtest von innen heraus; das sieht man in deinem Gesicht und an deinen Bewegungen.‹ Das war sehr schön; es war mir so, als würden mich alle geradezu magnetisch anziehend finden, weil es mir gut ging und weil ich in Liebe war.«

Das ist ein sehr gutes Beispiel für die Veränderung der Aura, wenn Liebe fließt. Ja, ein liebender Mensch leuchtet von innen heraus. Das wird sicht- und spürbar an seiner Mimik, seiner Gestik, seiner gesamten Körpersprache, seiner Stimme, seinen Augen und bei seiner Sprechweise. Die seelische Liebe strahlt nach außen. Das ist mit der Ratio nicht möglich, denn wenn das Denken denkt: Dieser Mensch passt zu mir, ich schätze ihn, ich werde ihn heiraten und mit ihm ein Haus bauen, dann ›leuchtest‹ du nicht.

Es reicht auch nicht eine erfüllende Sexualität aus, um dich zu diesem Leuchten zu führen. Eine sexuell erfüllende Nacht baut sicherlich Verspannungen ab, aber wenn keine seelische Liebe dabei war, führt es nicht zu diesem Leuchten aus deinem Inneren heraus.

»Dazu möchte ich etwas sagen. Wenn man durch die Straßen geht und die Menschen betrachtet, wie sie an einem vorübergehen, dann sieht man meist in traurige oder maskenhafte Gesichter. Ich sehe überall nur Frustration, Isolation und Unsicherheit in den Gesichtern und in der Körpersprache. Damit möchte ich nicht widersprechen oder behaupten, dass es diese beschriebene Aura des Leuchtens nicht gibt, denn ich habe das auch schon bei Paaren oder Menschen beobachtet, allerdings sehr, sehr selten.«

Es ist gut, dass du darauf hinweist, denn das zeigt uns, dass Liebe etwas Seltenes ist. Es ist leider so. Die große Mehrzahl der Menschen leuchtet nicht aus ihrem seelischen Inneren heraus. Wenn wir aufmerksam betrachten und nicht in Gedanken versunken sind, sondern interessiert andere anschauen, kann das jeder täglich auf den Straßen beobachten. Die meisten Menschen hängen irgendwelchen Gedanken nach, sind in ihren Sorgen und Problemen gefangen. Das alltägliche Leid, das sich in den Gesichtern nicht selten hinter einem grauen Schleier der Abgestumpftheit zu verbergen sucht, nehmen wir wohl deshalb nicht mehr so bewusst wahr, weil jene Abgestumpftheit mittlerweile zur Normalität zu gehören scheint.

Taucht aber plötzlich ein Liebespaar auf oder ein Mann oder eine Frau, jeweils von Liebe erfüllt, dann fällt dieses Leuchten plötzlich auf. Das zeigt uns, dass sich, statistisch gesehen, die Mehrheit der Menschen nicht in Liebe befindet. Die Aura der Liebe ist etwas Seltenes und deshalb auch etwas ganz Besonderes.

Noch etwas ist wichtig in diesem Zusammenhang: Ein Liebespaar mit seiner Aura ist sicherlich etwas sehr Schönes. Seine Aura hat eine magnetische Anziehungskraft, und es fällt von ihr ein Lichtstrahl in unsere Seele. Es gibt aber auch Männer und Frauen, die diese Aura haben, obwohl sie alleine leben und kein

Liebesverhältnis sie beflügelt. Auf solche Personen zu treffen ist, ebenfalls statistisch gesehen, noch seltener, als einem Liebespaar zu begegnen.

Ein Mann oder eine Frau, allein lebend, also ohne Partnerschaft, demnach nicht in einer Beziehung lebend, können diese Aura der Liebe also auch ausstrahlen. Was verbirgt sich dahinter? Hier handelt es sich um einen liebenden Menschen, der in das Leben, die Menschen und in die Natur verliebt ist. Auch das gibt es. Das sind Menschen, die sich selbst genügen, sich selbst verwirklichen, aus ihrer Seele heraus lieben und nicht abhängig davon sind, eine Erwiderung von irgendwem oder irgendwas zu bekommen. Sie lieben das Leben, weil sie seine Schönheit sehen und weil sie es als ein Geschenk empfinden, zu leben, lebendig, kreativ und schauend zu sein. Sie haben dieses innere Leuchten, sind Liebende ohne Partnerschaft zwischen Mann und Frau.

Von Jahrzehnt zu Jahrzehnt werden in den kapitalistischen Industrienationen solche Menschen leider immer seltener. Es freut mich, dass ich euch das heute bewusst machen konnte.

VON DER FÄHIGKEIT, LIEBEND ZU LEBEN

Ich möchte noch mal auf das gestrige Gespräch zurückkommen, weil noch einiges gesehen werden sollte. Völlig unabhängig von der Liebe zwischen Mann und Frau gibt es eine Liebe, die nichts mit den beiden Geschlechtern zu tun hat. Diese Liebe ist etwas Seelisches. Interessiert euch das?

»Ich habe mich gestern gefragt, wie du das meinst, dass auch ein Einzelner leuchten kann, also ohne die erotisch-partnerschaftliche Liebe. Welche Art von Liebe ist das?«

Das werden wir nun gemeinsam erforschen. Es ist notwendig, dass ihr dabei aktiv seid und nicht passiv werdet, etwa nach dem Motto: ›Bin mal gespannt, was er dazu sagt.‹ Es sollte euch intensiv interessieren. Solches Interesse führt zu Aufmerksamkeit, zu Neugier, zu Teilnahme, ja, zu allerhöchster Aktivität des Zuhörens, Mitdenkens und Mitfühlens. Ich gehe jetzt also davon aus, dass euch dieses Thema interessiert, denn nur dann könnt ihr verstehen, was ich euch sagen werde...

Jeder einzelne Mensch ist für sein Leben selbst verantwortlich. Das ist eigentlich eine Binsenweisheit, aber trotzdem machen wir unser Leben oft abhängig davon, wie andere uns beurteilen und sehen. Wir wollen anderen gefallen. Das kennt ihr von euch selbst, und das ist nichts Neues. Von dieser Beachtung beziehungsweise Bewertung anderer Personen völlig unabhängig gibt es dich selbst und dein Leben, gibt es viele andere Dinge, die dich interessieren, dich erfreuen. Das ist der Weg zu dir selbst, zu deinem eigenen, ganz persönlichen Leben. Jeder sollte das für sich spüren und diesen Faden aufnehmen.

Dieser Weg führt dich dazu, das zu tun, was dich wirklich interessiert. Ich gebrauche einmal das Beispiel eines Künstlers, genauer gesagt eines Malers, dem es Freude macht zu malen, mit Farben und Formen zu spielen und Bilder zu schaffen. Ich könnte ebenso einen Dichter als Beispiel nehmen. Bleiben wir aber jetzt beim Maler. Es interessiert ihn, Bilder zu malen, und deshalb ist er mit jeder Faser seines Herzens dabei.

Er liebt es zu malen. So einfach ist das. Er liebt, was er tut.

Nun kommt das Denken hinzu und bewertet die Malerei, setzt sie in Bezug zu anderen bekannten Künstlern. Das Denken vergleicht. Oder es kommt ein Betrachter des Gemäldes und sagt: ›Nun gut, alter Junge, das ist ja ganz schön, was du da malst, aber kannst du das auch auf dem Kunstmarkt verkaufen?‹ Und schon wird vom anderen der Zauber zerstört. Das Denken ist mitunter ein großer Zerstörer, weil es analysiert und vergleicht. Analyse ist Zergliederung, also letztlich Zerstörung.

Ich liebe es zu malen, aber dann kommt mein eigenes Denken – oder das von anderen – mit der Frage: Kannst du das verkaufen? Das ist ein Gedanke der Nützlichkeit, der kommerziellen Verwertung. Aus Liebe habe ich gemalt und war mit vollem Herzen, war seelisch liebend bei der Sache. Das eigene wie auch das fremde Denken greift das an: Hat diese Malerei Bedeutung in der Kunstgeschichte? Ist sie innovativ? Trifft es auf Interesse und Resonanz? Gefällt es – oder wird es missfallen? Leistet es einen Beitrag zur Veränderung der Welt oder des Bewusstseins der Menschen? So agiert das Denken, weil dies das Wesen des Denkens ist.

Ich liebe es zu malen, und es macht mich glücklich, diese Liebe zu erleben. Und dann kommt die Ratio und sagt: Alles Blödsinn, alles fragwürdig, weil es nicht den Gesetzen des Kunstmarkts entspricht. – Bitte, wir gehen bedächtig vor, denn das hat auch etwas mit der Liebe zwischen Mann und Frau zu tun, wie wir noch sehen werden.

Was macht jetzt derjenige, der es liebt zu malen? Malt er weiter oder hält er irritiert inne? Was wir lieben, machen wir gerne. Es ist immer genug Energie vorhanden, das Geliebte zu tun und aktiv zu sein. Ist doch interessant, oder? Wenn wir etwas lieben, dann haben wir Zeit dafür. Wenn wir etwas nicht lieben, dann ist unser Terminkalender voll, sind wir im Stress und haben keine Zeit. Für das jedoch, was wir lieben, erschaffen wir regelrecht Zeit.

So ist es doch: Wer eine Liebe zu etwas hat, schafft sich auch die notwendige Zeit dafür und auch den Freiraum, den er dafür benötigt. Er wird sich beispielsweise seiner Liebe zu malen mit seiner ganzen Seele und mit vollem Herzen widmen. Dann lebt er liebend, selbst wenn er alleine als Single lebt. Wenn er diese Liebe lebt, dann ist er ein Liebender und strahlt auf andere diese Aura der Liebe aus. Und so leuchtet er auch als Single auf. Was ich damit sagen möchte: Nicht nur Liebespaare strahlen eine Aura des Glücks aus, sondern auch Personen, die alleine leben, sofern sie etwas wirklich seelisch lieben.

Künstler strahlen das in seltenen Fällen aus, dann nämlich, wenn sie in ihrer Kunst leben und sich vom Denken nicht beirren lassen. Sie genießen ihr Alleinsein, ihr kreatives Schaffen, auch wenn die Umwelt wenig damit anfangen kann. Die Seele ist das Zentrum, um das ihre Liebe kreist.

Der Maler war nur ein Beispiel. Jeder, der an einem Teich oder einem Fluss sitzt und mit offenen Sinnen schaut, lauscht und Schilf oder Gräser berührt, befindet sich in Meditation, in Liebe – in Liebe, die sich entfalten kann. Solch ein Mensch ist in diesem Augenblick liebend, ist Liebender oder Liebende, auch ohne Partnerin oder Partner an seiner Seite, denn seine Seele ist im Zentrum angelangt. Wenn das geschieht, schweigt das

Denken. Deshalb kann jeder aus sich heraus in Liebe leuchten. Auch diese Aura wird von anderen gesehen, denn ein solcher Mensch strahlt dieses Leuchten aus, das andere magisch oder magnetisch anzieht.

Ich möchte euch mit diesen Ausführungen für etwas ganz Bestimmtes sensibilisieren: Die Liebe zwischen Mann und Frau ist nur ein Teilaspekt des großen Ganzen. – Du möchtest eine Frage stellen ...

»Jeder kann aus sich selbst heraus in Liebe leuchten. Meine Frage ist: Worin besteht der Unterschied der Liebe aus sich selbst heraus und der Liebe zwischen Mann und Frau?«

Warum suchst du einen Unterschied? Wer seine Tätigkeit liebt, gleichgültig in welchem Bereich, ob in der Kunst, ob darin, sein Dasein in der Natur zu genießen, ist ein Liebender. Das klingt sehr einfach, aber leider gibt es nur sehr wenige, die so leben. Wer so lebt und liebt, ist glücklich. Diese Voraussetzungen sind also sehr positiv zu sehen. Wer liebend lebt in Verbindung mit seiner Seele, der ist liebesfähig. Wer dagegen in seinem Alltag nicht liebend lebt, sondern aus seiner Ratio andere manipuliert, sie analysiert, auf- und abwertet, Macht über sie ausübt, sie mobbt, wer Status, Anerkennung, Erfolg haben will, ständig ›gute Geschäfte‹ machen, nehmen, profitieren will, wer vereinnahmen möchte ... solch ein Mensch ist nicht liebesfähig.

Erfasst das alles bitte voller Achtsamkeit und mit intensiver Sensibilität. Ich will auf Folgendes hinaus: Liebend leben könnte jeder; dafür wäre keine Liebesbeziehung zwischen Mann und Frau erforderlich. Unbestritten bleibt natürlich, dass die spezielle Liebe zwischen Mann und Frau, also Liebe gepaart mit Erotik, etwas ganz Besonderes ins Spiel bringen kann.

Es ist interessant zu beobachten: Viele, die als Single leben, wünschen sich eine Beziehung, und nicht wenige, die in einer Beziehung leben, wünschen sich nach einiger Zeit insgeheim, wieder als Single durchs Leben zu gehen.

Als Single kann ich, wie wir festgestellt haben, sehr wohl liebend leben, entweder generell liebend oder auch speziell liebend zu einem Mann oder einer Frau. Das dürfte jetzt einleuchten, oder?

»Und wie ist es, wenn man in einer Beziehung lebt, aber im Stillen doch lieber wieder Single wäre?«

Dann sollte jeder für sich selbst nachforschen, warum er lieber wieder Single wäre, denn dann gibt es Gründe dafür. Die können recht verschiedenartig sein. So kann etwa die Liebe verflogen, kann auch die erotische Anziehung zum Partner erloschen sein. Letzteres ist meist der Hauptgrund, aus dem sich wiederum viele andere Gründe ableiten lassen: Der Partner nervt einen, weil er Forderungen stellt, weil er ständig beachtet werden oder weil er mit täglich neuen Forderungen und Spielregeln in der Beziehungsstruktur Änderungen herbeiführen möchte.

Wenn die spezielle erotische Liebe zwischen Mann und Frau von einer Seite oder auch von beiden Seiten erloschen ist, dann geht es nur noch um die Gestaltung der Beziehung, um einen Machtkampf, denn dann soll die Beziehung reglementiert werden, weil geglaubt wird, wenn er das macht und jenes unterlässt, wenn sie sich so verhält und jenes lässt, dann wird es wieder gut, dann kehrt die Liebe wieder zurück.

Dann wird heftig diskutiert, gestritten und gerichtet, dann beginnt ein ständiger verbaler Austausch. Positiv formuliert, nennt man das Kommunikation, negativ etikettiert, handelt es sich um Streit. Um solche Streitsituationen aufzuwerten, wird dann von einer erforderlichen ›Streitkultur‹ gesprochen oder von der ›Kunst des Streitens‹ oder von ›Beziehungsarbeit‹, an der sich nun beide beteiligen müssten. Das Kind ist dann aber bereits in den Brunnen gefallen, um es einmal etwas flapsig auszudrücken.

Damit will ich sagen, dass die Liebe verschwunden ist, denn wenn die Liebe vergeht, dann beginnen die Diskussionen über Partnerschaft und Beziehung – es folgen Streitgespräche, die schließlich zum Postulat von Wunschvorstellungen werden: Ich möchte, dass du so sein solltest, weil ich nicht möchte, dass du weiterhin so sein solltest, wie du im Moment bist. Diese ständigen Diskussionen werden unter der Prämisse geführt, dass sich beide wieder annähern, sich besser verstehen, einen Konsens finden möchten und dazu bereit sind, Kompromisse zu schließen. So geschieht es millionenfach in Beziehungen, wenn sich die erotische Liebe verflüchtigt hat, die Liebe erloschen ist und nur noch Rauch aus der Asche des Liebesfeuers aufsteigt.

Wir betrachten das gemeinsam. Ich betone es nochmals: Ihr solltet viel aktiver sein als ich. Das ist hier kein Unterhaltungsprogramm, bei dem ich den Entertainer spiele. Es geht um euer Leben, um eure konkrete Gegenwart, aus der die Zukunft eures Lebens erwächst. Ich spreche über euch, nicht von mir. Weil ich hier so viel rede, neigen manche vielleicht zu der Auffassung, dass ich euch deshalb etwas sagen will, weil ich ein persönliches Interesse beziehungsweise einen Vorteil davon habe. Dann würde es sich aber wohl um eine

Werbeveranstaltung handeln, in der ich überzeugen wollte, um anschließend ein Produkt zu verkaufen.

Es wird weder ein Produkt verkauft noch ein Unterhaltungsprogramm gemacht, denn dann wäre es reine Zeitverschwendung, hier zu sitzen. Dann wäre es viel besser, einen Spaziergang durch den Wald zu machen. Es ist euer Leben, und es sind eure Partnerschaften, über die hier gesprochen wird. Dabei geht es nicht darum, welche Meinung ich über die Liebe vertrete. Und es geht schon gar nicht um einen Glauben, denn dann ginge es um das Denken.

Der eine vertritt jene Meinung, der andere diese. Jede Meinung vertritt einen Standpunkt, und so gibt es den evangelischen, den katholischen, den hinduistischen, den jüdischen oder den muslimischen Standpunkt, und so gibt es den christlich-demokratischen, den sozialistischen oder gar den rechtsradikalen Standpunkt. Alles das kommt aus dem Denken. Zusätzlich gibt es noch einen traditionsbezogenen, konservativen Standpunkt, dann einen eher modernen, was wir auch immer unter ›modern‹ verstehen möchten. Dann gibt es die Standpunkte der Gesellschaftsschichten, also der Unter-, Mittel- und Oberschicht, und schließlich noch die in den Medien.

In letzter Zeit – ich sprach schon davon – neigen zahlreiche Medien dazu, immer häufiger Standpunkte und Meinungen von Prominenten zu Wort kommen zu lassen. Und so posaunen neben den Stars auch zahlreiche Sternchen ihre Meinungen zu Liebe und Beziehung hinaus. Wir werden von Meinungen geradezu überschwemmt. Weil derjenige dieses und diejenige jenes sagt, ist es nicht verwunderlich, wenn die Verwirrung in puncto Liebe immer größer wird.

In der Wissenschaft der Psychologie und der Psychotherapie ist es nicht anders. Es gibt unzählige Schulen und Richtungen, so etwa die Freudianer, die Jungianer, die Adlerianer und die Frommianer, um nur einige zu nennen. Dann gibt es hunderte von esoterischen Richtungen, die oft mit beeindruckenden Namen versehen sind, auch hunderte von therapeutischen Heilslehren, die Körper und Seele gesund machen und vereinen wollen und die verheißen, dass dann die Liebe wieder fließen könne.

Es besteht also ein riesiges Meinungschaos, verursacht durch politische Parteien, religiöse Gemeinschaften, therapeutische Richtungen, wissenschaftliche Schulen, durch verschiedenste Sekten. Nicht vergessen werden sollte auch der Kulturbereich, die Musiker, Maler und Dichter, die in ihren Werken ihre jeweilige Meinung über Schönheit und Liebe ausdrücken und somit auch vertreten.

Zahlreiche Institutionen und Gesellschaftsgruppen umwerben demnach das Individuum, sich der propagierten Meinung anzuschließen. Der einzelne Mensch, du und ich, wir stehen in der Mitte solcher Meinungsvielfalt. Dabei wollen wir einzig und allein, ob als Single, ob in einer Beziehung, doch nur liebend leben und glücklich werden.

Das versuche ich euch aufzuzeigen, damit wir all diese Punkte ernsthaft betrachten und untersuchen und uns über das Zusammenspiel von Gesellschaft und Individuum Gedanken machen. Dann sehen wir, so hoffe ich, dass zwischen Meinung und Wahrheit unterschieden werden muss.

Meinungen kommen aus dem Denken und Wahrheiten aus der Seele. Eine Meinung ist oft keine Wahrheit, aber alles das, was die Seele in Meditation erfährt, führt zur Wahrheit. Jede, wirklich jede Meinung kommt aus dem Denken – und ist nicht wirklich relevant. Wahrheit aber, aus der Seele, ist wirklich relevant für unser Leben.

Könnt ihr das sehen? Liebe ist keine bloße Meinung, die aus irgendeinem Standpunkt heraus erzeugt wird. Liebe ist entweder wahr (in der Seele) oder sie ist ein abstrakter Gedanke. Es ist also unwichtig, ob du in der Lebensform Single lebst oder in der Lebensform Beziehung. Es ist einzig und allein wichtig, ob du als Single oder in einer Partnerschaft liebend lebst.

9 LIEBESGEFÜHLE

ALLEINSEIN IN GEMEINSCHAFT?

Betrachten wir dieses Thema auch noch von einigen anderen Seiten. Alleinsein kann etwas Köstliches sein, etwas, das wir beispielsweise nach dem Stress des beruflichen Tages sehr genießen. Dann ist solches Alleinsein keine Einsamkeit und auch keine Isolation. Isolation ist ein Schreckenswort, vor dem alle große Angst haben: Niemand möchte isoliert sein, sondern jeder strebt nach einer Familie, strebt auch danach, einem Freundeskreis anzugehören. Wir haben große Ängste davor, alleine in der Gesellschaft zu stehen. Was ist aber so ängstigend daran, mit beiden Beinen allein in der Welt zu stehen?

Es ist nun mal eine Tatsache, dass jeder allein ist. Deshalb gilt es für jeden von uns, sich darauf einzustellen. Wenn es demnach unabänderlich so ist, dass ich nun einmal *Ich* bin und du nun einmal *Du* bist beziehungsweise ein weiteres *Ich,* dann sollte es uns doch möglich sein, das als Wahrheit und Wirklichkeit anzuerkennen und zu akzeptieren. Darin liegt sehr viel Schönheit und Energie, obwohl viele das partout nicht sehen wollen.

Wohl die meisten Menschen versuchen eine Art Unterschlupf zu finden, so beispielsweise – lassen wir eine Partnerschaft oder eine Beziehung hier einmal außen vor – in einer politischen Partei, einer religiösen

Gemeinschaft oder einer Sekte, in einer Clique oder einem Verein, in einem Diskussionskreis oder einem philosophischen Zirkel, in einem Betrieb oder einem Industrieclub, in einem Fanclub oder... oder... oder... Wir drängen uns förmlich danach, irgendwo dazuzugehören, um Geborgenheit durch Gemeinschaft zu erfahren.

Ist es nicht so? Erzähle ich euch Märchen? Strebt niemand von euch eine solche Anbindung beziehungsweise Einfügung in ein größeres soziales Ganzes an, wie immer sich dieses Ganze auch nennen mag? Kennt ihr das nicht auch, läuft es nicht in eurem Streben ähnlich ab?

»Es ist interessant, was du sagst. Ja, wenn ich ehrlich bin, dann gehöre ich auch solchen Gruppierungen an, um mich irgendwo zugehörig zu fühlen.«

Wir sollten wirklich ehrlich zu uns selbst sein und untersuchen, zu welchen Gruppierungen wir uns zuordnen wollen – und uns fragen, warum wir das wollen. Warum wollen wir uns zugehörig fühlen? Warum wollen wir nicht auf eigenen Beinen in der Welt und in der Gesellschaft stehen?

Wenn du dich in irgendeine Gemeinschaft einfügen möchtest, dann wird von dir erwartet, deren Spielregeln zu befolgen. Jene Regeln können entweder recht locker oder eher streng sein; das kommt auf die Art der Gemeinschaft an. Die katholische Kirche beispielsweise hat strenge Regeln und Dogmen, denen du dich fügen und beugen musst, um nach ihrem Verständnis ein guter Christ zu sein. – Das ist überhaupt nicht ironisch gemeint, weil einige von euch grinsen, andere sogar lachen. Lacht ihr, weil es euch lächerlich erscheint? Dann habt ihr es erkannt, denn das ist wirklich lächerlich.

Wir suchen Sicherheit und Geborgenheit nicht nur in Gemeinschaften, sondern auch durch die Eheschließung auf dem Standesamt, wo wir einen Vertrag mit dem Staat und der Person unterzeichnen, die wir lieben. Ja, das ist lächerlich. Darüber lacht aber im Alltag niemand. Wir akzeptieren das, denn dieses Procedere, dieser Akt gehört zu den ernst zu nehmenden Spielregeln unserer Gesellschaft – jedenfalls glauben wir das.

Und wo bleibst du? Es gibt dich doch davon völlig unabhängig auch als Einzelwesen. Du lebst auf dieser Welt in dieser Gesellschaft mit deinem Körper, deiner Seele und deinem Geist. Somit bist du ganz real da, und du bist, was du bist, also allein. Das macht vielen Angst, doch davon unabhängig bleibt es eine Tatsache. – Das ist keine Meinung. Seht ihr den Unterschied zwischen einer Tatsache und einer Meinung, zwischen einer Idee und einer Wahrheit?

»Aber niemand will allein sein. Wir sind soziale Wesen und streben deshalb nach Kontakten und nach Kommunikation.«

Ich habe nicht infrage gestellt, ob du Kontakte haben und mit anderen kommunizieren sollst; das wäre doch absurd. Natürlich wollen wir miteinander kommunizieren, weil es schön ist, miteinander zu reden, sich etwas zeigen zu lassen und anderen etwas mitzuteilen. Aber sobald Kommunikation aus dem Bedürfnis heraus entsteht, nicht mehr allein zu sein, weil man nicht allein sein kann, wird Kommunikation zur Falle. Du flüchtest dann in die Kommunikation, um dein Alleinsein zu verdrängen, es zu vergessen. Dann bist du jedoch fatalerweise bereit dazu, dich anzupassen und nach dem Mund derer zu reden, zu denen du gehören möchtest.

Anpassung wird in allen Organisationen erwartet, seien es nun Parteien oder Sekten oder Vereine. In unseren Betrachtungen geschieht hiervon glücklicherweise nichts. Wir sind frei und betrachten gemeinsam, was in unserem Leben geschieht, wenn bestimmte Themen auftauchen. Es gibt in unseren Gesprächen keine Dogmen.

Wir nähern uns dem Verständnis von Liebe. Deshalb sind wir zusammengekommen, weil dieses Thema für uns sehr wichtig ist, völlig unabhängig von einer Tradition, einer Gemeinschaft, einer üblichen Denkweise.

Warum streben Männer und Frauen in eine Beziehung oder in eine Partnerschaft? Habt ihr euch auch diese Frage einmal gestellt? Und was geschieht dann, davon unabhängig, in der erotischen Liebe und Begegnung zwischen Mann und Frau? Habt ihr euch eine solche Frage in der Phase der erotischen Liebe gestellt? Warum wollen oder können wir nicht allein sein? Warum streben wir danach, einer Gemeinschaft anzugehören? Stellt euch – jeder für sich – bitte solche Fragen. Ihr werdet, ebenfalls jeder für sich, die Antwort finden. Sie führt zur Lösung des Problems.

Die Liebe hat mit den Bestrebungen, nicht allein sein zu wollen, gar nichts zu tun. Seht ihr das jetzt? Nein, ihr seht es nicht, denn eure Augen leuchten nicht, sondern drücken Ratlosigkeit aus. Es ist doch nicht so schwer, das zu sehen und auch gedanklich zu erfassen. Alleinsein ist eine Tatsache; das ist unabänderlich. Wir streben aber nach Gemeinschaften, also auch nach einer Beziehung zwischen Mann und Frau. Davon unabhängig bleibt jedoch die Tatsache bestehen, dass jeder Mann allein ist und ebenfalls jede Frau allein ist. Wegen ihrer Liebe können sie sich jedoch verbinden. Das Bindeglied ist die seelische oder erotische Liebe zwischen Mann und Frau. Überwinden sie dadurch das Alleinsein? Ich behaupte: Nein, sie überwinden es nicht. Es wäre eine Illusion, das zu glauben oder zu erhoffen. Sobald diese Illusion zerplatzt, entstehen bei euch Enttäuschung und Frustration. Das aber muss nicht sein.

Es ist absolut nicht relevant, ob ich das behaupte oder auch nicht behaupte – es ist nun einmal eine Tatsache, eine milliardenfache Tatsache.

Gibt es nun etwas, das uns aus diesem Dilemma des Alleinseins in Gemeinschaft, welches zwangsläufig auftritt, einen Ausweg zeigt? Kann Liebe erhalten bleiben? Oder ist sie – wie so viele behaupten – zum Sterben verurteilt? Muss sie nach der Phase der Verliebtheit zwangsläufig sterben? Oder kann sie sich erst danach als ›wahre Liebe‹ ereignen? Was hat es mit diesen Punkten auf sich?

ZU GROSSE ERWARTUNGEN?

Was geschieht, wenn die Verliebtheit in einer Beziehung nachlässt? Damit sollten wir uns jetzt beschäftigen.

Verliebtheit wird oft mit ›Schmetterlingen im Bauch‹ charakterisiert, mit jenem berühmten Kribbeln, das sich jedoch nicht nur im Bauch, sondern im ganzen Körper ausbreiten kann. Das hat auch damit zu tun, dass in dieser Phase oftmals eine Angst relevant ist, die sich auf einen einzigen Punkt fokussiert, nämlich darauf, dass man nicht wiedergeliebt werden könnte.

Ihr kennt das: Man erwartet sehnsüchtig den nächsten Anruf, hofft auf eine SMS-Nachricht, eine E-Mail. Weil man sich nicht sicher ist, ob und wie sich das Ganze entwickeln wird, ist man aufgeregt, innerlich angespannt, reagiert also mit vielen psychosomatischen Symptomen. Auch das wird in der Regel als Verliebtheit bezeichnet. Es ist sozusagen ein Schwebezustand, in dem man glücklich über das Kennenlernen und vielleicht schon über die erste sexuelle Begegnung ist: ›Das könnte der/die Richtige sein‹, meldet sich der Verstand.

Schmetterlinge im Bauch sind also auch eine psychosomatische Reaktion, die mit Angst verknüpft sein kann. Die zweite Variante ist jedoch eine andere: Man ist sich völlig sicher, verliebt zu sein, weil die Seele beflügelt wird und alle Sinne sensibilisiert sind. Die gesamte Wahrnehmungsfähigkeit ist gesteigert; man fühlt sich glücklich, selbstbewusst und völlig rund. So kann sich Verliebtheit auch anfühlen, und das bewirkt die geweckte Erotik, die ohne Angst ist, weil das Denken gar nicht danach fragt, ob es der/die Richtige ist, weil alles einfach nur rund und schön ist.

Es besteht kein Grund, Verliebtheit als bloße Schmetterlinge im Bauch gering zu schätzen, etwa nach dem Motto, die wirkliche Liebe sei das doch noch nicht, denn diese käme erst später zum Vorschein, weil wir ja von der Idee überzeugt sind, dass der Weg zur ›wahren Liebe‹ der Weg in die Beziehung, in die (eheliche) Partnerschaft sei. – Ich denke, das ist so weit verständlich.

»Ich habe bisher Verliebtheit auch geringer eingeschätzt als die Liebe. Verliebtheit ist aber bereits Liebe. Habe ich das richtig verstanden?«

Verliebtheit ist – führe dir nur unsere letzten Beispiele vor Augen – schon Liebe, ja, nämlich die spezielle Liebe zwischen Mann und Frau. Du kannst aber auch in das Leben verliebt sein, in eine Tätigkeit, ein Hobby, in seltenen Ausnahmen sogar in deinen Beruf. Leider ist solche Liebe vielen fremd, weil sie ungeliebten Tätigkeiten nachgehen müssen, um ihren Lebensunterhalt zu verdienen, oftmals deshalb, weil sie schon als Jugendliche in eine Berufsausbildung regelrecht ›geschlittert‹ sind, die sie nicht mit dem Herzen wählten, sondern mit dem Verstand, und weil die Eltern das vorgeschlagen und arrangiert haben.

Sehr viele studieren an Universitäten Fächer, die sie nicht mit ihrem Herzen lieben und die sie deshalb im Grunde nicht interessieren. Nur ihr Verstand sagt ihnen, dass das Studium vielleicht Erfolg versprechend sein könnte, um später einmal Karriere zu machen. Du siehst, Liebe ist mit allem verbunden, denn sie ist etwas Generelles, ja Universelles.

Aber zurück zur speziellen Liebe zwischen Mann und Frau. Was geschieht in dieser Dimension? Worauf läuft diese Verliebtheit hinaus?

»Man will eine Beziehung eingehen, eine Partnerschaft – und verspricht sich, gegenseitig sexuell treu zu sein. Haben wir zu große Erwartungen?«

Man will eine Partnerschaft begründen und aufbauen: Darauf läuft es in aller Regel hinaus, es sei denn, man lebt bereits in einer bestehenden Partnerschaft. Dann wird es kompliziert, aber lassen wir das erst einmal beiseite. Ist die Beziehung – und danach die Ehe – der Weg zur Liebe? Das erwarten und erhoffen wir alle. Das ist keine Behauptung von mir, denn das denken unzählige Männer und Frauen. Sie erwarten alle von der Beziehung ›die Liebe‹. Das sollten wir näher betrachten.

Tritt das Erwartete auch ein? Meist tritt es nicht ein. Warum? Weil in einer Beziehung Probleme und Themen auftauchen, die in der Phase der Verliebtheit weit weg waren, denn die Verliebtheit genügte sich selbst total, und das beglückte. In einer Beziehung mischt sich das Denken, also die Ratio, ein und erhält mehr und mehr Raum. Es geht dann um Spielregeln des Zusammenlebens, um eine Art Beziehungshausordnung, um Regeln der alltäglichen Aufgaben, Pflichten und Rollenverteilungen. Die Dimension Denken übernimmt dann mehr und mehr die Herrschaft.

In der Verliebtheit standen Seele und Sexualität im Vordergrund. Von Tag zu Tag erhebt nun das Denken mehr Machtanspruch, und die Kommunikation verlagert sich von den zärtlichen Berührungen allmählich in den verbalen Bereich. Dadurch tritt automatisch die erotische Liebe der Emotionen in den Hintergrund, während Beziehung und Partnerschaft durch die Wohngemeinschaft in den Vordergrund rücken. Und ganz schnell – ehe du dich versiehst – lebst du in einer so gewünschten Partnerschaft und bist nicht mehr allein.

Wenn dann aber die Verliebtheit langsam schwindet, gar bereits erloschen ist, lebst du zwar nicht mehr allein, bist aber noch einsamer als zuvor. Warum fühlst du dich dann einsam? Die soziale Wohngemeinschaft ist ja objektiv gegeben. Das wiederum findet der Verstand völlig richtig: Wir haben jetzt eine Lebensgemeinschaft, teilen Tisch und Bett, Balkon und Garten, wir kochen und essen gemeinsam, schlafen in einem Bett, unter einem Dach – alles scheint doch sehr wohlgeordnet zu sein. Viele Spielregeln des Zusammenlebens haben wir ausdiskutiert und sind dabei, noch andere, neue zu besprechen und demnächst umzusetzen. So verlaufen unzählige Beziehungen: Die Verliebtheit tritt in den Hintergrund, und Partnerschaftsprobleme treten in den Vordergrund.

Die meisten Paare verfolgen die Idee, ›wahre Liebe‹ müsse in eine solche Lebensgemeinschaft münden, in der jeder für den anderen da ist und somit Verlässlichkeit und Verantwortung, Pflichtgefühl, Moral und Charakter entstünden – und, daraus folgend, Sicherheit und Geborgenheit. Wir streben nach Sicherheit. Wenn wir diese erreicht haben, dann denken wir, wir könnten uns jetzt geborgen fühlen. Das Ziel ist also, sich geborgen zu fühlen. Was geschieht dann?

Man achtet mit Argusaugen darauf, diese Geborgenheit zu fixieren und zu schützen. Das nennt man dann Liebe: Nach der Verliebtheit soll das die ›wahre Liebe‹ sein, soll sich die ›wirkliche Liebe‹ zeigen. – Die folgende Frage halte ich jetzt für sehr wichtig: Ist das wahre, wirkliche Liebe?

»Wir gehen davon aus, dass das die wirkliche Liebe ist. Wir wollen Sicherheit und die sexuelle Erotik in einer solchen Beziehung einbinden, um uns ganz sicher zu sein. Ich frage mich jetzt auch, ob das wahre Liebe ist.«

Vielen Dank für deinen Beitrag. Ich gebe jetzt eine Frage an euch weiter: Wenn wir Sicherheit anstreben in der sexuellen Erotik, sie einbinden wollen, sie festhalten und jederzeit wiederholen wollen – sozusagen Verliebtheit auf Knopfdruck –: Was geschieht dann mit uns? Wie reagiert die Seele auf diese vielen Erwartungen? Was geschieht mit der Sexualität, wenn sie, mit der Energie erotischer Verliebtheit erfüllt, dann erwartet, gewünscht und ersehnt wird? Dann sitzen wir in der Falle und fragen uns, was mit unserer Verliebtheit geschehen ist und ob das jetzt Liebe sein soll beziehungsweise sein könnte, was sich nicht mehr nach Liebe anfühlt.

WENN DIE SCHMETTERLINGE VERSCHWINDEN...

Wir saßen gemeinsam am Spätnachmittag an diesem wunderschönen See, der so viel Ruhe ausstrahlte. Es war ein Genuss, den sanften Wind auf der Haut zu fühlen, und ein Erlebnis, wie er sie mit zarter Kühle streichelte. Wir sahen beide auf die Wasseroberfläche, während sie mit ihren Gedanken beschäftigt war. Deshalb richteten sich ihre Augen zwar auf den See, aber sie konnte ihn nicht mit ihrer Seele sehen. Am Himmel kreiste ein Bussard, der aber bald über den Wipfeln des nahe gelegenen Waldes verschwand. Sie begann zu sprechen...

»In meiner Ehe ist die Verliebtheit verschwunden. Die Schmetterlinge im Bauch sind davongeflogen. Zuerst dachte ich, dass das eben der übliche Lauf der Dinge sei. Nun aber ist mir bewusst geworden, dass das nicht üblich sein sollte. Mein Mann und ich haben unsere Beziehung zu einer Freundschaft entwickelt. Das begann, als wir unser Haus bauten. Meine Aufgabe war es, die Bauarbeiten zu überwachen und mich um die Organisation zu kümmern. Wir sprachen abends, wenn er aus seiner Firma nach Hause kam, nur noch über den Hausbau. Mein Mann ist Perfektionist. Er wollte jedes Detail mit mir durchsprechen, um so eventuelle Baumängel aufzuspüren und zu beseitigen. Unsere Gespräche drehten sich nur noch um das Haus. Das ging über ein Jahr so, bis zu unserem Einzug.

Danach stand die Gartengestaltung an. Wir beschäftigten sogar einen Gartenarchitekten; das können wir uns ohne weiteres leisten, denn mein Mann verdient nun wirklich nicht schlecht. Finanziell geht es uns also ganz gut.

Über dieses Haus, das eigentlich unser ›Liebesnest‹ werden sollte, wurden wir – und das ist die Ironie dieser ganzen Geschichte – zu einem Partnerschaftsteam auf der Ebene der Ratio. Die erotisch-sexuelle Ebene trat immer mehr in den Hintergrund; auch unser seelischer Kontakt wurde schwächer. Es ging nur noch um Pläne und Ziele; sie standen im Vordergrund. Seit einem Jahr leben wir nun in dem Haus, und der Garten ist mittlerweile auch fertig; sogar ein kleiner Seerosenteich wurde angelegt – und die Seerosen haben im August geblüht. Mein Mann ist zufrieden, aber er warf nur einen kurzen Blick auf die Seerosen; genießen konnte er sie nicht. Ich frage mich jetzt, wohin uns das geführt hat.«

Eure Pläne und Vorstellungen von einem möglichst perfekten Heim mit Garten habt ihr realisiert. Die Ratio hat ihr Ziel erreicht. Nun ist eine Leere entstanden. Ist es so?

»Wir wollten keine Leere erzeugen, sondern unserer Liebe ein schönes Ambiente schaffen. Dabei ist unsere erotische Liebe zurückgegangen, weil wir auf der Ebene der Ratio kommunizierten. Das hat unserer Libido, den Schmetterlingen der Verliebtheit, sehr geschadet. Früher hatten wir zärtliche Sexualität fast täglich, heute nur noch alle zwei bis drei Monate. Ich halte es für richtig, dass du die Liebe zwischen Mann und Frau eine

›spezielle Liebe‹ nennst. Heute kann ich das besser verstehen. Ich schätze meinen Mann sehr, und er schätzt mich auch. Wir sind wirklich gute Freunde, gute Partner, ja, denn jeder kann sich auf den anderen verlassen.

Nun haben wir unser Nest, aber die Erotik der Liebe ist weg. Wir haben zwar Geborgenheit und Sicherheit, aber das, wofür wir das Ganze gemeinsam geschaffen haben, das ist plötzlich weg. Das ist doch tragisch, oder?«

Diese Erfahrung machen bedauerlicherweise sehr viele Liebespaare. Ihr seid also nicht die Einzigen. Niemand hat uns darauf vorbereitet, dass genau das geschieht, wenn die Ratio wichtiger wird als die Seele. Die Ratio zieht dann alle Energie auf sich; sie plustert sich auf und macht sich wichtig, angeblich im Dienst der Partnerschaft und der Liebe. Dann geschieht aber genau das, wovon du berichtest. Niemand, leider, hat uns davor gewarnt, weil nicht viele Menschen Einsichten in diese Zusammenhänge haben.

»Das Problematischste habe ich noch gar nicht erzählt. Seit drei Monaten gibt es da einen Mann, den ich im Tennisclub kennen gelernt habe. Er hat sich in mich verliebt – und ich mich auch in ihn. Das macht mich ziemlich verrückt und sehr nervös, ja, ich bin sehr angespannt und habe Schlafstörungen. Um mich zu beruhigen, greife ich mittlerweile häufig zum Alkohol. Heimlich kippe ich dann ein paar Gläser Wodka hinunter – Wodka macht nämlich keine ›Fahne‹.

Einerseits bin ich glücklich über diese neue Liebe, aber andererseits bin ich völlig konsterniert, weil mein Mann doch mein guter Freund, mein Bruder, mein Vertrauter, mein Kamerad ist. Ich schätze seine Verlässlichkeit, und ich mag ihn als Mensch. Aber, verdammt noch mal, ich liebe ihn nicht mehr, denn diese Liebe, die wir einmal hatten, ist verflogen.

Darüber möchte ich mit dir reden, denn ich denke, du verstehst das. Ich habe niemanden, mit dem ich darüber reden könnte, denn alle unsere Freunde und Bekannten sind der Meinung, wir wären ein perfektes und glückliches Paar. Es ist doch absurd: Wir haben alles dafür getan, ein perfektes Paar in einem perfekten Haus mit Garten zu werden. Jetzt ist alles fertig – und ich habe mich in einen anderen Mann verliebt. Damit stürzt alles in sich zusammen, und ich bin einerseits glücklich über die neue Liebe, aber auch todunglücklich darüber, dass ich meinen Mann nicht mehr liebe, ihn praktisch nur noch als Freund schätze. Was soll ich jetzt tun?«

Soll ich dir das sagen? Es wäre ganz falsch, dir das zu sagen, denn dann würdest du womöglich das befolgen, was ich sage. Dann würde dir nämlich die Chance genommen, selbst herauszufinden, was zu tun ist. Du solltest selbst deinen Weg finden und ihn dann auch gehen.

Du fragst dich, was mit der Liebe zu deinem Mann geschehen ist, fragst dich auch, warum du dich in einen anderen Mann verliebt hast. Nur wenn du selbst erkennst, weil du dich dem Problem selbst stellst, kannst du die Antwort auf deine Fragen finden. Ich gebe dir jetzt keine Antwort, da du kurz davor bist, sie selbst zu entdecken. Dann ist die Antwort wirklich deine eigene, und dann verfügst du über eine Erkenntnis, welche du selbst gewonnen hast. Sobald du die Antwort gefunden hast, gehört sie dir, ist sie deine Selbsterfahrung, hast du dein ganzes Licht angezündet. Wenn du auf deine Antwort gestoßen bist, wirst du das mit dem Licht verstehen.

Wenn ich dir einen Vorschlag mache und dir somit praktisch dein Handeln vorgebe und wenn du meinen Vorschlag befolgen würdest, weil du ihn für richtig hieltest, würdest du ferngesteuert handeln. Du bist es aber, die das Steuer in die Hand zu nehmen hat und selbst herausfinden muss, was richtig für dich ist. Dann fließt dir große Energie zu – und die brauchst du, um zu handeln.

Erkenne dich jetzt selbst, erkenne jene Situation, in der du lebst, und erkenne auch die Partnerschaft, in der du lebst – und scheue dich nicht, nach der Liebe zu fragen. Du wirst dieses scheinbar Verwirrende selbst entwirren. Dann gelangst du auf den Weg in deine Freiheit.

Wenn ich dir mit meinen Worten vorschlage, wie du handeln solltest, kann dir das nur wenig geben. Dir zu sagen, was du jetzt tun solltest, gegliedert nach erstens, zweitens, drittens und so weiter – das wäre grundfalsch, weil es dein eigenes Wachstum behindern und hemmen und weil ich dich schließlich deines Erkennens berauben würde.

Mittlerweile war die Sonne blutrot am Horizont des Waldes angelangt. Wir schauten beide in diese Richtung. Sie legte ihren Arm um meine Schulter, und wir sprachen lange nichts mehr. Als es kühl und dunkel wurde, gingen wir schweigend zurück zum Hotel.

DAS RAD DREHT SICH

Wir setzten das gestrige Gespräch bei einem Spaziergang fort. Die Sonne stand schon tief, und ihre Strahlen durch die Bäume erzeugten ein schönes Spiel von Licht und Schatten.

»Über unser gestriges Gespräch habe ich mir noch viele Gedanken gemacht. Ich habe verstanden, warum du mir nicht konkret sagtest, wie ich jetzt handeln oder mich verhalten sollte. Ich soll es selbst herausfinden. Das fällt mir aber überaus schwer in meiner Situation.«

Es fällt schwer, ich weiß. Wäre es einfach, würden wir uns beide nicht nochmals darüber unterhalten, sondern du würdest schnell und spontan handeln. Du liebtest diesen Mann, aber eure Liebe wurde mehr und mehr zurückgedrängt durch den Hausbau, die Garten- gestaltung und alles, was damit verbunden war. Ihr seid euch nur noch auf der Ebene des Denkens und der Pläne begegnet, die ihr in der guten Absicht realisieren wolltet, euch ein schönes und gemütliches Heim zu schaffen. Keiner von euch hat damit gerechnet, dass dadurch die Liebe in den Hintergrund treten könnte. Das ist aber geschehen, denn genau das geschieht immer, wenn die Ratio in den Vordergrund drängt und die Seele dadurch in den Hintergrund geschoben wird. Ihr wusstet das nicht, denn niemand hat es euch zuvor jemals gesagt oder euch darauf hingewiesen. Also musstet ihr diese Erfahrung machen, musste sie jeder für sich machen. Nun geht es darum, zu lernen und Schlussfolgerungen daraus zu ziehen.

»Kompliziert wird es dadurch, dass ich mich in einen anderen Mann verliebt habe. Das Tragische daran ist, dass gerade jetzt, wo das Haus fertig ist, die Liebe zu meinem Mann weg ist. Nein, falsch. Nicht in dem Sinne ist die Liebe weg, da ich ihn ja nach wie vor sehr gern habe, habe also keinen Hass auf ihn. Ich will sagen, ich liebe ihn sicherlich noch im Sinne von mögen und sehr schätzen. Verstehst du?«

Voll und ganz verstehe ich das, weil ich das auch

immer wieder von vielen Paaren so und ähnlich erzählt bekomme. Es ist nicht nur dein ganz individuelles Problem, sondern es ist ein generelles Phänomen: Wenn die Ratio die Oberhand gewinnt, schwindet die spezielle Liebe.

»Warum sagt einem das niemand? Wenn man das wüsste, könnte man rechtzeitig etwas dagegen unternehmen, ja, man könnte, einfach ausgedrückt, gegensteuern.«

Da hast du völlig Recht, jedoch selbst dann, wenn viele diese Gefahr sehen würden, wüssten sie nicht, wie sie ihr begegnen könnten, denn auch das hat ihnen niemand gesagt. Weil das leider so ist, sind wir gezwungen, uns selbst solchen Problemen zu stellen und herauszufinden, wie wir sie lösen können. Es gibt keine Institution, welche du befragen könntest.

»Es gibt Eheberatungsstellen, die auf solche Probleme spezialisiert sind. Dahin will ich aber nicht gehen, denn wir haben ja kein offizielles Eheproblem; mein Mann weiß ja noch nichts davon, dass ich mich in einen anderen verliebt habe. Deshalb brauche ich erst einmal alleine eine Beratung. Zu einem Psychologen oder Psychotherapeuten will ich nicht gehen, denn ich fühle mich psychisch nicht erkrankt; ich brauche deshalb keine Therapie und schon gar keine Psychoanalyse.«

Du befindest dich in einer wichtigen Lernphase deines Lebens. Das Thema dreht sich um die Liebe. Da du psychisch nicht erkrankt bist, wäre eine Psychotherapie oder Psychoanalyse vergleichbar der Methode, mit Kanonen auf Spatzen zu schießen. Das ist nicht abfällig gemeint gegenüber der Psychotherapie, denn sie ist in vielen anderen Fällen sehr hilfreich. In deiner Situation ist sie jedoch nicht notwendig.

»Was soll ich also tun? Nirgendwo kann ich einen Rat erwarten. Eine Therapie wäre überzogen; wie gesagt, sehe ich das genauso. Aber was soll ich jetzt tun?«

Wir sind in vielen Dingen konditioniert. Sobald irgendein Problem auftaucht, denken wir, ein Fachmann unterbreitet uns die Lösung. Nichts gegen Fachleute; die sind, etwa im technischen Bereich, ein Segen. Aber hier geht es um ein Problem, welche das Leben und die Liebe betrifft. Dafür gibt es keine Fachleute. Aus diesem Grund bist du jetzt selbst gefordert. Du hast ein generelles Lebensproblem, das du erkennst und mit dem du dich auseinander setzen wirst, das du erfühlst, das deine Seele berührt.

Misstraue allen Fachleuten, die sich womöglich noch ›Gurus‹ nennen und dir suggerieren wollen, sie könnten dir schnell helfen, könnten dir die Arbeit abnehmen, damit du zur Erkenntnis gelangst. Es gibt keine Abkürzung. Jeder muss selbst in der Konfrontation mit den Emotionen und seiner Ratio den Weg finden, und deshalb besteht mein Part in unserem Gespräch darin, dich darauf hinzuweisen, deine Augen darauf zu lenken. Du entscheidest also nach wie vor selbst, da ich dir diese Entscheidung nicht abnehmen kann und es auch nicht will.

Ich ziehe jetzt einmal einen Vergleich heran... Wenn in eurem Haus ein Wasserrohr leicht undicht ist, holst du einen Klempner, der das repariert. Wenn deine Seele etwas in Unordnung ist, kannst du zu einem ›Seelenklempner‹ gehen, der dir vielleicht hilft, mit Medikamenten deine seelische Balance wieder zu finden. Er legt dir, bildlich gesprochen, ein Pflaster auf deine seelische Wunde – ähnlich dem Klempner, der die kaputte Stelle an eurem Wasserrohr abdichtet. Dir kann es letztlich egal sein, mit welchem Material der Klempner das Rohr abdichtet. Aber es sollte dir nicht egal sein, warum deine Seele aus dem Gleichgewicht geraten ist. Durch das ›Pflaster‹ auf der Wunde deiner Seele empfindest du zwar Erleichterung, aber dieses Pflaster deckt die Wunde nur zu, mehr noch, es verdeckt die Ursache, die dazu geführt hat, dass deine Seele aus dem Gleichgewicht geraten ist.

Deine Situation macht es nicht erforderlich, und außerdem hast du es wirklich nicht nötig, um Rat zu suchen und einer verordneten Vorgehensweise blindlings zu folgen. Für dich ist es bedeutend wichtiger, voll und ganz deine Situation anzunehmen, dich mit ihr auseinander zu setzen, sie zu leben, wobei du mit deinem Herzen beteiligt sein sollst, denn alles andere wäre für dein weiteres Leben sinnlos.

»Ich verstehe nun etwas besser, warum du mir keinen Verhaltensratschlag gibst. Aus diesem Grund kann ich dir jetzt noch viel besser zuhören. Spreche von der Liebe zu meinem Mann und davon, was es mit der neuen Liebe zu meinem Geliebten auf sich hat. Ich glaube, ich muss auf die Zwischentöne mehr Acht geben und nicht versuchen, aus deinen Sätzen einen Ratschlag herauszufiltern.«

Wir sprechen gemeinsam über die Liebe, wobei keiner den anderen dabei beraten oder belehren oder gar Recht haben will. Wir betrachten die Liebe und schauen auf sie. Du hast deinen Mann einmal geliebt, und zwar so geliebt, wie sich die spezielle Liebe zwischen Mann und Frau äußert: Ihr hattet euch erotischsexuell entfaltet. Eure Liebe wurde aber durch die Ratio zurückgedrängt, ja sogar verschüttet und verdrängt. Bedauerlich ist das sicherlich, aber so geschieht es nun einmal, ob es nun bedauert wird oder nicht. Dennoch war deine Seele nicht abgestorben. So konnte es geschehen, dass du dich in einen anderen Mann verliebtest, da dein erotisches Weibliches noch existent war. Die erotisch-sexuelle spezielle Liebe hat sich einem neuen Mann zugewandt, weil er in dir das Schlummernde, das mit deinem Mann zurückgedrängt wurde, wieder wachgerufen hat. Die Schmetterlinge sind zu ihm geflogen.

»Genauso ist es geschehen. Aber was soll ich jetzt denn bloß tun?«

Ich verstehe voll und ganz, dass du mir diese Frage stellst. Die erotische spezielle Liebe zu deinem Mann ist verschwunden, und deshalb wurde aus diesem Defizit ein Platz frei für die erotische spezielle Liebe zu einem anderen Mann. Wenn jemand lebendig ist, geschieht so etwas nun einmal; das solltest du wertfrei sehen. Du kannst dich jetzt in diese neue Liebe fallen lassen. Was macht ihr dann? Ihr baut womöglich wieder ein Haus mit Garten, und das Problem stellt sich erneut ein. Verstanden?

»Jetzt geht mir ein Licht auf. Es dreht sich so eine Art Rad. Wenn das zweite Haus fertig ist, verliebe ich mich wieder in einen neuen Mann. Und wir bauen erneut ein Haus, bis ich verbraucht und unattraktiv bin und sterbe. Ich sollte diesen Kreislauf unterbrechen, ehe er so richtig auf Touren kommt.«

Im Moment des Erkennens hast du jetzt etwas gesehen, und dadurch ist der Kreislauf schon abgebrochen. Dann stellt sich die Frage, wie ich mich danach verhalten werde. In den Kreislauf will ich nicht mehr zurück. Jetzt erst kann ich nach vorne schauen. Wir werden morgen weiter darüber nachdenken. Es lohnt sich – schließlich bist du heute aus dem Kreislauf ausgeschieden.

Zwischenzeitlich war die Nacht hereingebrochen. Der Sternenhimmel war wolkenlos. Wir schauten beide in den Himmel und fühlten uns als Teil eines Größeren. Wir wurden zu einer Einheit in dieser großen Vielfalt.

10 LIEBESKONFLIKTE

AUFBRUCH ZUM URSPRUNG

Gestern hatte ich ein intensives persönliches Gespräch mit einer unserer Teilnehmerinnen, das ich inhaltlich hier natürlich nicht ausplaudern werde. Es ging um eines der allgemeinen Probleme: Die spezielle Liebe in einer Partnerschaft, in einer Ehe verschwindet, und einige Zeit später verliebt sich einer der beiden Partner in einen anderen Mann beziehungsweise in eine andere Frau.

Wie ist diese Problematik einzuordnen? Zunächst gilt es, die Ursache dafür zu verstehen. Welche Ursachen gibt es, wenn die Liebe verschwindet?

»Es kann häufiger Streit, können Alkoholprobleme, kann ein Treuebruch sein. Auch Lügen oder Aggressionen können zerstörerisch wirken.«

Du führst hier sehr gravierende Argumente auf. Die sind jedoch nicht immer relevant. So kenne ich Paare, die sich häufig streiten und dennoch immer wieder zur Liebe zurückfinden. Auch ein Alkoholproblem muss die Liebe nicht unbedingt zerstören. Ein sexueller Treuebruch wird dagegen ins Gewicht fallen. Ebenso sind Lügen ein großes Problem. Das allergrößte Problem ist sicherlich körperliche Aggression, denn wenn ich meinen Partner schlage, dann wird eine Toleranzgrenze überschritten, die zeigt, dass die Liebe bei demjenigen, der zuschlägt, in solchen Augenblicken erloschen ist.

Körperliche und auch verbale Aggressionen sind das Gegenteil von Liebe.

Ich will aber auf etwas anderes hinaus, auf etwas viel Simpleres, also etwas Alltägliches, das scheinbar nichts Spektakuläres an sich hat. Was geschieht in vielen Partnerschaften im banalen Alltag?

»Alles wird zur Routine. Die Sorgen stehen im Vordergrund. Routine und Sorgen zerstören die Liebe. Ist es nicht so?«

Ganz sicher spielt Routine eine wichtige Rolle, weil durch Routine Wachheit schwindet. Routine bedeutet Wiederholung; man dreht sich im Kreislauf ständiger Wiederholungen und wird mechanisch. Lebendigkeit dagegen ist spontan und aufmerksam, also niemals wiederholend. Routine macht uns grau; die Sinne, der Geist und die Seele werden stumpf. Schaut euch doch die Mehrzahl der Menschen in eurer Umgebung an: Ihr Leben dreht sich in Routine, und ihre Sinne sind abgestumpft; das bedeutet, dass sie zwar sehen, hören und fühlen, aber trotzdem nicht hellwach sind. Das alles bewirkt die tägliche Routine.

Sorgen wiederum beschäftigen unser Denken. Es müssen nicht allein nur Sorgen sein, sondern es können auch Pläne sein, die wir umsetzen wollen. Man kann beispielsweise ein Haus bauen, ganz im Sinne der Partnerschaft. Was geschieht dann? Das Denken schiebt sich in den Vordergrund, weil es alle Energie auf sich zieht und die seelische Sensibilität in den Hintergrund stellt. Es ist doch ganz einfach, wenn ihr das sehen könnt: Das Denken entfernt uns von der Liebe.

»Willst du damit sagen, wir sollten nicht so viel denken? Ist das Denken denn nicht notwendig, um im Beruf bestehen zu können, um Erfolg zu haben?«

Es geht nicht darum, das Denken generell abzuschalten, im Berufsleben schon mal gar nicht. Ich habe auch nicht gesagt, ihr solltet nicht mehr denken. Natürlich ist das Denken, also die Ratio, ein wichtiges Werkzeug, das wir brauchen, um Pläne zu realisieren. Das Denken wiederum hat viele Werkzeuge zur Verfügung, die es unterstützen und ihm helfen, Aufgabenstellungen und Probleme des Alltags und im Berufsleben anzugehen.

Ist das Werkzeug Denken zur Liebe fähig? Ich sage nein: Das Denken ist nicht zur Liebe fähig. Deshalb kann kein Denken verlorene Liebe zurückholen, kann auch nicht die Liebe zwischen Mann und Frau wieder erzeugen. Im Denken sitzt die Funktion des Wollens; es kann Regeln aufstellen und etwas zur Pflicht machen. Das funktioniert in dem Bereich des Denkens, dann etwa, wenn Menschen in Geschäftsverkehr miteinander treten. Aber funktioniert es auch im Bereich der Liebe?

»Jetzt habe ich verstanden. Der Liebe können wir uns nicht mit dem Verstand nähern, sondern nur mit unserer Seele. Wir wissen aber viel mehr über unsere Ratio und wenig über die Seele. Warum ist unsere Seele so manipulierbar?«

In den vergangenen Jahrzehnten hat der Verstand alles dominiert, und somit tanzten wir um das goldene Kalb Ratio. Das Werkzeug Computer ist seit einem Jahrzehnt zum wohl wichtigsten Werkzeug unseres Denkens geworden, wodurch wir mehr und mehr von diesem Werkzeug abhängig werden. Bitte: Ich habe weder etwas gegen die Ratio noch gegen Computer, sondern stelle nur die Tatsache fest, dass die Ratio überbewertet und die Seele unterbewertet wird. Jetzt sind wir scheinbar abgekommen vom Thema Liebe, aber dennoch hängt das alles miteinander zusammen.

Im ganz banalen Alltag stirbt die Liebe deshalb so oft, weil das Denken die Oberhand gewinnt. Das ist nicht eine bloße Behauptung von mir, denn das kann jeder täglich, auch bei sich selbst beobachten.

»Sollen wir also mehr auf unsere Seele schauen und die Ratio einmal beiseite lassen?«

Schaut auf eure Seele und bleibt sensitiv. Die Ratio und den Computer könnt ihr dann in die Ecke schieben, wenn ihr das Werkzeug nicht braucht. Die Liebe braucht keinen Computer. Sensitivität benötigt kein Werkzeug der Ratio. Ihr habt eure Sinne dafür. Es ist doch schön, dass es für die erotische Anziehung zwischen Mann und Frau das Wort ›Sinnlichkeit‹ gibt. Die spezielle Liebe zwischen ihnen geschieht in der offenen und hellwachen Sinnlichkeit; dort liegt der Ursprung ihrer erotischen Liebe. Zu ihr müssen wir zurückkehren. Wenn die Liebe wegen der Routine und der Energieabsaugung durch die Ratio nachgelassen hat, dann geht es darum, wieder zum Ursprung zurückzukehren, an dem durch Sensitivität Sinnlichkeit entstanden ist. Dort ist Erotik.

»Wird der Verstand dann ausgeschaltet?«

Nein, der Verstand wird nur beiseite gelegt, nicht ›ausgeschaltet‹. Das Wort ›ausschalten‹ impliziert indirekt einen negativen Unterton. Der Verstand tritt zurück in den Hintergrund, weil ein Diener eben im Hintergrund zu stehen hat, wenn sein Herr mit einer Frau flirtet, um es scherzhaft zu formulieren.

Ich will damit sagen: Der Verstand ist nicht der Herr des Menschen, sondern nur sein Diener, und er ist auch deshalb nicht Herr der Liebe, sondern nur ein Werkzeug, dann beispielsweise, wenn es darum geht, schöne Liebesbriefe zu schreiben. Zu lieben, verliebt zu sein, sinnlich zu sein, das bist du ganz persönlich, weil du dann bei dir selbst bist, also authentisch bist. Die Ratio kann nicht verliebt sein, denn sie kennt keine Schmetterlinge im Bauch.

»Sollen wir dann ohne Verstand nur einfach unseren Gefühlen nachgeben?«

Nein. Ich fühle in deiner Frage einen negativen Unterton: nicht ›ohne Verstand‹ und nicht ›Gefühlen nachgeben‹, denn solches ›Nachgeben‹ bedeutete ja ein Verlust an Stärke. Und bitte auch nicht ›nur‹. Einfach nur den Gefühlen ohne Verstand nachzugeben bedeutet, schwach zu sein. Liebe ist keine Schwäche, sondern Stärke. Sensitivität und Sinnlichkeit sind starke Glückseligkeit. Du bekommst viel Energie, und weil das so ist, bedeutet das eben nicht, ›nur einfach den Gefühlen‹ nachzugeben. Es ist kein Nachgeben, sondern ein Aufblühen. Das ist ein großer Unterschied.

LIEBE ZURÜCKHOLEN?

An unser Gespräch von heute Vormittag möchte ich nochmals anknüpfen, denn es hat bei euch zu vielen Diskussionen geführt. Es ist das Wort ›ratiofeindlich‹ gefallen. Dazu einige Anmerkungen: Wir beschäftigen uns hier mit der Liebe und nicht mit Ingenieurswesen oder Quantenphysik. Um ein erfolgreicher Wissenschaftler zu werden, brauchst du deine Ratio; das ist keine Frage. Um aber die Liebe zu leben, um in einer Partnerschaft die Liebe zu erhalten, brauchst du deine Sinne und deine Seele. In diesem Zusammenhang weise ich besonders immer auf eines hin: Wir verlieren in der Partnerschaft durch die tägliche Routine die Sensitivität zueinander.

»Ich habe dich so verstanden, dass die Liebe einer anderen Dimension angehört, nämlich der Dimension der Sinne und nicht dem Bereich der Ratio. Sehe ich das richtig?«

Schön, dass du das Wort ›sehen‹ gebrauchst. Ja, du siehst das richtig. Die Ratio kann Liebe nicht zurückholen, wenn sie verschwunden sein sollte. Du kannst Liebe nicht wollen, nicht wünschen, auch nicht herbeidenken und nicht zur Pflichterfüllung machen.

»Kann verschwundene Liebe überhaupt wieder zurückgeholt werden? Oder ist sie unwiederbringlich verloren, wenn sie erst einmal weg ist?«

Das ist eine wirklich sehr ernsthafte und wichtige Frage. Erinnert ihr euch an das, was ich heute Vormittag gesagt habe? Es gibt Situationen, welche die Liebe unwiederbringlich zerstören können. Dazu gehören sowohl körperliche und verbale Aggressionen. Auf solche Extremfälle sollten wir jetzt aber nicht eingehen, sondern auf das, was viel häufiger vorkommt, nämlich auf die Routine, auf die Herrschaft des Verstandes, da beides das Zurücktreten der Liebe bedingt. Liebe ist etwas Seelisches.

»Kann man eine verschwundene Liebe denn wieder reanimieren?«

Natürlich kann man das – sofern am Anfang die wirkliche spezielle erotische Liebe da war. Aber schaut genau hin: Sehr viele Paare finden zufällig zusammen – sie lernen sich kennen, weil sie auf der Suche nach einer Partnerschaft sind. Wenn sie sich anfänglich gut verstehen, Gespräche führen, sich küssen und Sex zusammen haben, dann halten sie das viel zu voreilig für Liebe. In Wahrheit sind sie nur froh und glücklich darüber, jemanden gefunden zu haben, um nicht mehr allein zu sein, also eine Beziehung zu haben und ihr Selbstwertgefühl aufgewertet zu bekommen.

Zahlreiche Menschen hegen große Minderwertigkeitsgefühle gegenüber sich selbst, weil in unserer Gesellschaft der äußerlichen Attraktivität ein viel zu hoher Stellenwert beigemessen wird. Deshalb bekommen viele Menschen Komplexe, wenn sie diesen Schönheitsidealen nicht perfekt entsprechen, und deshalb spüren weder die Schönheitchirurgie noch die Bräunungs- und Fitnessstudios nicht in dem Maße die allgemeine Wirtschaftsflaute wie etliche andere Branchen.

In dieser Situation, in der die wenigsten mit sich selbst zufrieden sind, weil sie den propagierten Idealnormen nicht entsprechen, lernen sich viele kennen und sind glücklich, wenn sich diese Frau, dieser Mann nun für sie interessiert, sexuelles Begehren zeigt und Sexualität stattfindet. Sehnsüchtig erwarten sie nach einer Nacht des sexuellen Begehrens den nächsten Anruf oder eine SMS auf dem Handy oder eine E-Mail in ihrer Box. Es tut gut, diese Selbstbestätigung zu erfahren: Jawohl, er/sie denkt an mich, will sich wieder verabreden; das muss wohl Liebe sein. – Ich schildere, wie es in der Praxis abläuft. Erkennt sich jemand wieder?

»Natürlich freue ich mich, wenn er nach dem Sex anruft und mich wieder sehen möchte. Was ist daran falsch?«

Ich habe nicht gesagt, dass das falsch sei, sondern dass es so abläuft, und habe die Frage gestellt: Ist das Liebe?

»Ich verstehe. Telefonanrufe, E-Mails und SMS-Botschaften müssen nicht Ausdruck von Liebe sein. Auch der stattgefundene Sex muss nicht Ausdruck von Liebe sein; er bestätigt vielleicht nur mein Selbstbewusstsein. Das ist klar. Dennoch ist es schön, jemanden zu haben, der an einen denkt, der sich interessiert. Sollte man das nicht genießen?«

Natürlich wirst du das genießen und dich darüber freuen. Du fühlst dich nicht mehr einsam und isoliert. Ist es aber Liebe?

»Wir sind soziale Wesen und wollen nicht einsam sein. Ist das nicht normal und verständlich?«

Das möchte ich euch gerade vor Augen führen. Natürlich ist das verständlich – und läuft deshalb so tausendfach ab. Niemand will ›einsam‹ sein, obwohl Alleinsein etwas Wunderschönes ist. Unter Einsamkeit verstehen wir Isolation. Keiner von uns möchte isoliert sein, bis auf einige wenige Aussteiger, die sich ganz bewusst von sozialen Gemeinschaften lösen. Aber das ist ein ganz anderes Thema.

Du willst nicht einsam sein; das ist verständlich. Deshalb freut dich das Interesse eines Mannes an deiner Person; auch das ist verständlich. Du hattest Sexualität, vielleicht auch einen Orgasmus. Das ist schön; deshalb ist auch das verständlich. Du erhältst plötzlich drei positive Werte: erstens Kommunikation, welche dich dein Alleinsein vergessen lässt, zweitens Selbstbestätigung und drittens Sexualität mit dem schönen körperlichen Erlebnis des Orgasmus. Das führt zu einer Beziehung und Partnerschaft; auch das ist verständlich.

Aber ist auch Liebe dabei? Wenn keine Liebe dabei ist, dann kann es trotzdem – und das geschieht zumeist

– zu einer Ehe führen. Du landest nun recht bald in der Routine des Alltags und der Ratio. Die Komplimente lassen nach, die Sexualität wird seltener. Enttäuschung macht sich breit. Weil keine Liebe am Anfang war, kannst du dann auch keine verschwundene Liebe zurückholen. Verstehst du den Zusammenhang? Du bist zwar in einer Beziehung, aber dennoch allein. Partner, welche sich nicht lieben, sind zu zweit allein. Daran ändert auch die Sexualität nichts.

Hingegen kenne ich Paare, die sich – über die oberflächliche Freude hinaus – am Beginn ihrer Begegnung liebten, also sich nicht nur deshalb liebten, um nicht mehr allein zu sein und um der Sexerlebnisse wegen ... die Liebe zueinander gefühlt haben, weil sie sensitiv erlebten und sich ihre Seelen trafen und Erotik aufgeblüht war. Auch diese Paare planten ein Haus oder bauten eine gemeinsame Firma auf, wobei die Ratio alle Lebensenergie an sich saugte und die ehemalige Sensitivität in den Hintergrund trat. Sie spüren den Verlust der Liebe, und das macht sie traurig und unzufrieden. Solche Paare haben durchaus eine Chance, ihre Liebe zurückzugewinnen.

All diejenigen Paare aber, die sich nur zusammengefunden haben, weil es schön war und weil das Selbstwertgefühl bestätigt wurde, weil sie auch Sex hatten, werden kaum noch zusammenfinden. Wo Liebe nie da war, kann sie auch nicht zurückgeholt werden.

Ich hoffe, dass das deutlich wurde: Man kann Liebe nur dann zurückholen, sofern sie einmal da war. Dann ist es recht einfach: Die Ratio beiseite legen und wieder sensitiv sein, so wie am Anfang der Liebe. Wo Liebe war, stellt sie sich wieder ein, aber natürlich nicht durch Wiederholungen. Also bitte nicht an Orte zurückkehren, an denen sich Liebe einmal entfaltete. Es geht darum, neue Orte, neue Situationen gemeinsam zu entdecken, damit sich Sensitivität spontan wieder entfalten kann. Ins Leben der Lebendigkeit zurückkehren, dann entsteht wieder diese Liebe, die ihren Ursprung in der Seele hat und nicht im Denken.

Diejenigen aber, welche sich von Anfang an nicht liebten, sich zwar schätzten und mochten, weil sie sich begegneten und sich aus der Einsamkeit herausholten ins allgemeine gesellschaftliche Beziehungsdenken – diejenigen bleiben bei einer Partnerschaftskrise mit leeren Händen zurück. Zwar gebrauchen sie in Gesprächen vielleicht das Wort ›Liebe‹, doch sie sprechen von einem ›Land mit dem Namen Liebe‹, in dem sie nie zu Besuch waren.

DAS »LAND MIT DEM NAMEN LIEBE«

Wir sind gestern sehr weit gekommen in unserer gemeinsamen Betrachtung. Vor allem mein letzter Satz hat bei euch zu einiger Aufregung geführt. Es wurden mir viele Fragen auf Zettel geschrieben, warum ich gesagt habe, dass jenes ›Land mit dem Namen Liebe‹ ein unbekanntes Land sei und dass viele von Liebe reden, aber gar nicht wissen, was das ist, weil sie die Liebe nicht kennen gelernt haben. Warum sprechen viele von einem ›Land mit dem Namen Liebe‹, in dem sie nie waren?

Wir haben alle schon häufig über die Liebe gelesen. Ohne das Thema ›Liebe‹ sind zahlreiche Medien gar nicht denkbar, vor allem keine Frauenmagazine, aber auch in Männermagazinen à la ›Playboy‹ wird über

Liebe ausgiebig fabuliert. Und das aktuelle Medium Internet? Es ist voll von dem Wort ›Liebe‹. Was sind wohl die Wörter, die in Suchmaschinen am meisten eingegeben werden? Genau: ›Sex‹ und ›Liebe‹. Die Menschen suchen geradezu verzweifelt nach diesem Land, weil sie noch nicht dort waren. Ich sage euch: Wer einmal dort war, fragt nicht mehr nach dem Wort ›Liebe‹, es sei denn, er sucht Zitate für einen Vortrag oder schreibt als Psychologiestudent seine Diplomarbeit über das Thema ›Liebe‹.

Wir meinen, Liebe sei in einer Beziehung, in einer Ehe zu Hause. Ist sie aber dort wirklich zu finden? Warum lassen sich in Großstädten fünfzig Prozent der Ehepaare scheiden? Die Statistik zeigt, dass seit Jahrzehnten die Scheidungsrate von Jahr zu Jahr kontinuierlich ansteigt. Übrigens: Siebzig Prozent aller Scheidungen werden von Frauen eingereicht. Männer suchen eine Beziehung, Frauen zwar auch, aber sie erwarten dabei auch Liebe. Und weil die Liebe fehlt, reichen auch bedeutend mehr der Frauen als Männer die Scheidung ein. Sie wollen nicht nur das Wort ›Liebe‹ verbal benutzen, sondern auch Liebe fühlen. Wenn sie die nicht fühlen, lassen sie sich scheiden, selbst wenn bereits Kinder da sind.

Und was ist mit den restlichen dreißig Prozent der Frauen, die keine Scheidung einreichen? Mitunter reichen ja auch Männer sie ein. Diese Männer haben zumeist eine Geliebte, welche sie bedrängt, sich scheiden zu lassen.

Davon unabhängig gibt es unter Ehepaaren immerhin noch fünfzig Prozent, die sich nicht scheiden lassen, sondern zusammenbleiben. Glaubt ihr, dass sie aus Liebe zusammenbleiben? Sind sie die Bewohner des ›Landes Liebe‹?

»Ich denke, dass jene fünfzig Prozent der Ehen, die nicht geschieden werden, durchaus noch eine recht hohe Zahl darstellen. Selbst wenn sie sich nicht lieben sollten, schätzen sie andere Werte wie Geborgenheit und Verlässlichkeit. Was gibt es denn dagegen einzuwenden?«

Gegen Geborgenheit, Verlässlichkeit und Sicherheit gibt es nichts einzuwenden. Wir sprachen schon zu Beginn unserer Gespräche mehrmals darüber, dass das für viele Männer und Frauen in einer Beziehung oder in einer Ehe wichtige Werte sind. Versteht mich bitte nicht falsch: Ich habe nichts gegen Beziehungen, die harmonisch verlaufen, in denen Geborgenheit und Verlässlichkeit bestehen. Verlässlichkeit und Harmonie, Kommunikation und Freundschaft ... das alles sind äußerst positive Werte – und jeder sollte sich über jeden freuen, der das in einer Beziehung realisieren und erreichen kann.

»Wo liegt dann das Problem? Selbst fünfzig Prozent Scheidungen können mich nicht beirren, daran zu glauben oder darauf zu hoffen, dass meine eigene Partnerschaft zu dieser positiven Hälfte gehört. Sollen wir nicht mehr an die Liebe glauben?«

Ihr glaubt fast alle an die Liebe. Diesen Glauben will ich wirklich niemandem nehmen. Worauf ich hinweisen will, ist lediglich Folgendes: Zwischen ›an die Liebe glauben‹ und real sensitiv zu lieben besteht ein großer Unterschied.

»Welcher Unterschied besteht denn darin, an die Liebe zu glauben, an die wir alle glauben, und tatsächlich zu lieben?«

An die Liebe zu glauben bedeutet, an eine Idee zu glauben. Diese Idee sitzt in deinem Denken. Sobald du die Liebe konkret erlebst, brauchst du nicht mehr an eine Idee zu glauben, denn sie ist da, ist Realität geworden. Dann bist du in diesem Land tatsächlich angekommen.

»Wir glauben alle an die Liebe, bevor wir sie konkret erlebt haben. Und jedes Mal hoffen wir, dass sie sich mit einem neuen Partner in einer neuen Beziehung ereignet. Was ist aber, wenn sich eine Beziehung problemlos ergibt, obwohl sich Liebe nicht ereignet?«

Ich danke dir für diese Frage, denn genau darauf kommt es an, um euch die Augen dafür zu öffnen. Beziehungen ergeben sich ja oft sehr schnell; das haben wir in den zurückliegenden Gesprächen erläutert. Wir stellten fest, dass in Beziehungen, sofern sie positiv verlaufen, Freundschaft entsteht, Partnerschaftlichkeit, Teamgeist, woraus sich wiederum Vertrauen, Verlässlichkeit und Geborgenheit ergeben.

Am Ende deiner Frage heißt es: ›...obwohl sich Liebe nicht ereignet?‹ Die positiven Beziehungswerte bleiben bestehen, obwohl sich Liebe nicht ereignet. Diese Beziehungswerte haben ein großes Gewicht. Viele Paare bleiben wegen dieser Beziehungswerte zusammen, obwohl sie sich nie im ›Land der Liebe‹ getroffen haben.

»Damit vertrittst du die Auffassung, dass Beziehung ein höherer Wert sein kann als die Liebe. Wo bleibt dann die Liebe?«

Aber, aber, liebe Fragerin, ich habe nur die positiven Beziehungswerte dargestellt, sie aber nicht über die Liebe gestellt. Jeder noch so gut funktionierenden Beziehung, in der beide davon überzeugt sind, ein gutes Team zu sein, kann ein falscher Glaube innewohnen. Wenn beide Sex miteinander haben, und zwar guten Sex, werden sie sich einige Zeit darüber hinwegtäuschen, eine Partnerschaft im Bruder-Schwester-Verhältnis zu führen. Das geht mitunter eine lange Zeit gut. ›Wir haben ja Sex zusammen‹ ist aber nur eine schöne Ausrede, um zu retten, was zu retten ist: Wir haben Sex, also sind wir nicht Bruder und Schwester, sondern Mann und Frau. Ich verstehe auch diesen Sex und habe dagegen überhaupt nichts einzuwenden, aber frage mich dann: Ist dieser Sex Ausdruck von Liebe?

»Wie soll man aber unterscheiden, welcher Sex Liebe und welcher keine Liebe ist?«

Um diese Frage zu beantworten, sind wir hier zusammengekommen und diskutieren schon seit fast acht Tagen miteinander. Wir wollen das herausfinden. Das ist der Sinn, weswegen wir hier unsere Zeit verbringen. Wir reden über Liebe und Beziehung, denn die meisten von euch leben in Beziehungen, während die anderen eine beziehungsweise mehrere Partnerschaften hinter sich haben.

»Sage uns, wie man Liebe in einer Beziehung leben kann. Wie geht das?«

Ich gebe dir eine Antwort, die ich gestern in einem Gespräch mit einem Mann gefunden habe, der seit zehn Jahren in einer Ehe ohne Liebe lebt und sich seit einigen Monaten in eine andere Frau verliebt hat. Ich sagte zu ihm: ›Es gibt hundert Gründe, eine Beziehung weiterzuführen, aber nur einen einzigen Grund, sich zu trennen: Die erotische Liebe ist aufgeblüht zu einer anderen Frau!‹ Das gilt natürlich auch für das erotische Aufblühen einer Frau zu einem anderen Mann. Also nochmals rekapituliert: Hundert Gründe sprechen für die Geborgenheit der Beziehung, aber nur ein Grund wirft alles über den Haufen, nämlich die erotische Anziehung, die Sinnlichkeit, die Sensitivität, die spezielle Erotik zwischen Mann und Frau.

11 LIEBE MACHT SEHEND

SIND FRAUEN GEHEIMNISVOLL?

Männer sagen über Frauen, sie seien geheimnisvoll und oft nur schwer für sie zu verstehen. Frauen behaupten das von Männern eher selten; sie monieren höchstens, Männer zeigten zu wenig Gefühle und wollten nicht über sie reden. Gibt es eine Verstehensbarriere? Können Männer Frauen nicht verstehen und Frauen Männer nicht? Sind sich beide Geschlechter letztlich gegenseitig ein Rätsel?

»Um als Mann zu sprechen: Ja, die Frauen sind mir ein Rätsel, und deshalb haben sie für mich etwas Undurchschaubares. Frauen können, das habe ich selbst erlebt und erlitten, eine harmonische Beziehung abrupt und eiskalt beenden, wenn sie sich in einen anderen Mann verliebt haben. Das zeigt ja auch die von dir erwähnte Scheidungsstatistik, dass siebzig Prozent der Scheidungen von Frauen eingereicht werden. Wie kann man das verstehen?«

Diese Frage werden wir uns später gemeinsam stellen. Nun möchte ich aber auch die Frauen fragen: Empfindet ihr Männer als geheimnisvoll und undurchschaubar?

»Ich empfinde Männer nicht als geheimnisvoll, obwohl sie meist nicht sehr redselig sind, wenn es um ihre Gefühle geht. Das ist ja für uns Frauen eine Binsenweisheit. Es hat wohl damit zu tun, dass Männer stärker von ihrer Ratio beherrscht sind, zumindest was ihre Kommunikation betrifft. Auf der körperlichen Ebene sind sie ›schwanzgesteuert‹. Das halte ich für kein abwertendes Vorurteil, sondern für eine biologische Tatsache. Weil es eine Tatsache ist, hat das auch nichts Geheimnisvolles an sich. Wir Frauen wissen das und spielen oft ganz bewusst damit. Die gesamte Frauenpresse drillt die Frauen darauf, mit ihrem Äußeren, angefangen bei Kosmetik, Dessous und modischen Klamotten, Männerblicke auf sich zu ziehen und deren Begehren zu wecken. Es ist kein Geheimnis: Die männlichen Sinne sind verführbar. Ist das nicht das Ziel von uns Frauen?«

Das wissen auch die Männer. Deswegen liegt für sie darin nichts Geheimnisvolles. Männer blättern schließlich genauso in Frauenzeitschriften und empfinden es als positiv, wenn Frauen die Aufmerksamkeit der Männer auf sich ziehen wollen.

Ich denke, hier dürfen wir nicht stehen bleiben, sondern sollten uns in die Beziehung zwischen Mann und Frau begeben, denn in der Beziehung wird die Frau dem Mann geheimnisvoll, erst dort wird sie ihm ein Rätsel. Sollen wir das gemeinsam weiter untersuchen?

»Ich glaube, Frauen interessiert dieses Thema weniger, sondern nur uns Männer. Seid ihr daran interessiert, dass der Nimbus eures Geheimnisvollen betrachtet wird? Oder ist es eure Stärke, dass Männer darüber nichts wissen sollen?«

Frauen fällt es schwer, gerade darüber offen zu reden. Ich glaube nicht an eine frauliche Taktik, sich den Männern gegenüber geheimnisvoll zu geben, um sich interessant zu machen. Dahinter liegt etwas anderes verborgen. – Ich frage die Frauen einmal direkt: Sollen wir das ans Licht bringen? Oder wäre euch das unangenehm?

»Ich bin diesbezüglich ambivalent. Einerseits möchte ich mehr darüber wissen, andererseits jedoch vermeiden, dass es als Waffe gegen uns Frauen gerichtet wird. Können wir das Thema objektiv behandeln?«

Du meinst, dass Männer – und auch Frauen – vielleicht nicht objektiv sein könnten, weil hier etwas im Verborgenen schlummert, worüber Männer und Frauen nicht offen reden? Interessant ist ja, dass sich die als diskussionsfreudig geltenden Frauen in dieser Frage bedeckt halten wollen. Gibt es hier also doch ein Geheimnis, über das Frauen mit Männern ungern kommunizieren?

»Ich glaube, es hat etwas mit Erotik und Sexualität zu tun. Einerseits wollen Frauen von Männern hören, dass sie geliebt werden; dafür setzen sie ihre erotischen Reize in Szene. Andererseits wollen sie nicht hören, dass sie ›nur deswegen‹ begehrt werden, denn das reicht ihnen nicht, da sie ganzheitlich geliebt werden wollen. Unter ›geliebt werden wollen‹ verstehen sie, dass ein Mann mit ihnen eine Beziehung eingeht. Eine Beziehung ist Frauen wichtiger als Sex, während Männern Sex überaus wichtig ist. Dafür gehen sie sogar eine Beziehung ein. Für Frauen ist Liebe als Bindeglied wichtig, und für Männer führt Sexualität als Bindeglied in die Beziehung. Hier sind die Prioritäten von Mann und Frau unterschiedlich. Aber auch darin liegt noch kein Geheimnis. Ist da nicht vielleicht noch etwas anderes?«

Ja, ist da noch etwas anderes, unabhängig von Liebe, Beziehung und Sexualität? Frauen wollen von einem Mann geliebt werden, um mit ihm eine Beziehung einzugehen. Männer wollen dagegen zunächst einmal Sex, und eine Beziehung gehen sie deshalb ein, um diesen Sex wiederholen zu können. Verwechseln Männer Sex mit Liebe? Von vielen Frauen wird das ja behauptet. Und verwechseln Frauen Beziehung mit Liebe? Diese Ansicht vertreten ebenfalls viele Frauen. Liegt dort vielleicht das Dilemma? Da wir in unseren Gesprächen diese Punkte allesamt besprochen haben, könnt ihr die Antwort selbst finden.

Es ist interessant: Kaum wird eine alte Frage von einem neuen Blickwinkel aus gestellt, erscheint diese Frage verändert und die Antwort wieder schwierig zu sein. Das Denken lässt sich schnell verwirren.

Sind Frauen geheimnisvoll? Ich behaupte, sie sind es nicht. Sind nur Männer vordergründig an Sex interessiert, Frauen dagegen weniger? Nein, auch das ist nicht ganz richtig. Wenn Frauen einen Mann lieben, dann sind sie genauso wie Männer an Sex interessiert.

Richtig ist auch, dass Frauen geliebt werden wollen, um eine Beziehung einzugehen. Die Beziehung hat für sie Priorität; durch ihre Erziehung sind sie entsprechend konditioniert. Wenn es sexuell klappt, suchen Männer gleichfalls eine Beziehung; am Anfang klappt es ja auch zumeist. Aber noch etwas dürfen wir nicht außer Acht lassen: Beide, Mann und Frau, wollen nicht alleine leben! Auch darüber haben wir bereits gesprochen.

In der Beziehung zwischen Mann und Frau wird die Sexualität zu einem Knackpunkt. Da Frauen ihre erotische Anziehungsausstrahlung dazu einsetzen, um – nach ihrem Denken – mit dem ›passenden Partner‹ in eine Beziehung zu gelangen, arbeiten sie strategisch darauf hin. Also sind in diesem Punkt nicht die Männer die Ratiogesteuerten (sie sind ja die biologisch ›Schwanzgesteuerten‹), sondern die Frauen. Sie setzen die Ratio ein und stellen dabei oft den Kontakt zu ihrer Emotionalität und ihrer Sexualität zurück.

Das ist das, was der Mann nicht begreift: Er wird von einer Frau, weil sie verführen will, erotisch angezogen, reagiert darauf sexuell, die Frau lässt sich verführend darauf ein, er ist als Mann glücklich, empfindet vielleicht dabei auch Liebesgefühle – und kommt schließlich in die missliche Lage, dass dann nur noch seine Liebesgefühle anerkannt und seine sexuellen Gefühle als ›schwanzgesteuert‹ abgewertet werden. Wie entzieht er sich diesem Dilemma? Er weiß, dass von Liebe, Beziehung und Ehe gesprochen werden muss. Es bleibt ihm kaum Zeit, seine Liebe zu erfühlen, zu erleben, zu entfalten, weil solche Erwartungen des Denkens im Raum stehen. Er ist deshalb schnell bereit, diese Erwartungen zu erfüllen, weil ihm von seiner Partnerin signalisiert wird, dass das von ihm mehr oder weniger erwartet, ja verlangt wird.

Ich spreche hier nicht über irgendwelche Einzelbeispiele. Das geschieht millionenfach. Damit ist aber das Geheimnis der Frau für den Mann noch nicht aufgeklärt, denn er befindet sich ja noch inmitten dieser Verstrickung. Er hält die Erfüllung der Erwartungen für Liebe, weil solch ein Liebesbeweis von ihm gewünscht wird. Andererseits will er nicht von Liebe sprechen, weil er sie nicht voll und ganz fühlt. Es wird ihm keine Zeit dafür gelassen, seine seelische Sensitivität und seine körperliche Sexualität zu vereinen.

Die andere Seite: Seine Partnerin strebt eine Beziehung an, weil ihr Beziehung bedeutend wichtiger ist, als es Sexualität und Liebe sind. Ist die Partnerin auf einem falschen Trip? Liegt das Geheimnisvolle der Frauen, wie Männer es sehen, in der Unreife und der Konditionierung der Frauen? Dann handelt es sich um nichts Geheimnisvolles, sondern um etwas psychisch Verständliches, also etwas, das wir verstehen können.

Wenn wir daher die Psyche und den Geist der Frauen genauer betrachten, bleibt jener nebulöse geheimnisvolle Nimbus der Frau nicht mehr bestehen. Wenn ihr wollt, sprechen wir morgen nochmals über dieses Thema.

DIE WEIBLICHE KOMMUNIKATION

Frauen scheinen für Männer oftmals geheimnisvoll zu sein. In Wirklichkeit sind sie es nicht. Wenn Männer mit Frauen über Liebe und Beziehung diskutieren, dann erscheinen sie ihnen nicht selten deshalb geheimnisvoll, weil sie mit sehr vielen Begriffen und Denkschlussfolgerungen konfrontiert werden. Das verwirrt vor allem diejenigen Männer, die logisches Denken schätzen, weil sie das in ihrer Ausbildung gelernt haben. Damit sage ich nicht, dass Frauen unlogisch seien, aber sie verwenden mitunter viele Begriffe und verbale Wortfeinheiten in ihrer Kommunikation, ohne diese genauer zu definieren. Das verwirrt die Denkstrukturen des Mannes.

»Willst du damit sagen, dass Frauen weniger intelligent sind als Männer?«

Aber bitte, ganz vehement und aus vollster Überzeugung: Nein! Frauen gehen in der Kommunikation assoziativer vor als Männer, und genau das überfordert viele Männer. Wir sollten das an folgendem Beispiel deutlich machen...

Ein Mann knüpft als Single eine Bekanntschaft mit einer Frau, die gleichfalls allein lebt. Die beiden verstehen sich, treffen sich zweimal pro Woche und freunden sich allmählich an. Es findet kein erotisch-körperlicher Kontakt statt. Eines Tages offenbart ihm die Frau, sie habe sich in einen Mann verliebt. Ihr ›Freund‹ gesteht ihr nun ein, dass er erkennt, in sie verliebt zu sein. Beide diskutieren darüber in männlichem und weiblichem Kommunikationsstil. Ab diesem Moment wird die Freundin dem Mann ein Rätsel. Sie sagt ihm, dass die ›Chemie stimmen‹ müsse und dass die Chemie bei dem Mann stimmen würde, in den sie sich jetzt verliebt habe.

Da steht er nun, der Freund, der Vertraute vieler guter Gespräche und fragt sich, warum die ›Chemie‹ nicht zwischen ihm und ihr gestimmt hat. Er fragt sich, was Chemie ist, fragt auch die Freundin danach, doch wird ihm das von ihr nicht erklärt, weil sie es nicht erklären kann, vielleicht auch nicht will. ›Es ist einfach so‹, sagt sie.

Dann kommt die Aussage seiner Freundin, sie hätte eine ›innere Blockade‹, aber auch das wird von ihr nicht weiter erläutert. So grübelt er immer wieder darüber nach, welche innere Blockade sie haben könnte, denn sie hatten sich doch stets so gut verstanden. Sie sagte ihm auch einmal in einem Gespräch Folgendes: ›Du bist mir sehr vertraut und bist mir sehr nahe.‹ Jetzt rätselt er darüber, warum diese Vertrautheit und diese Nähe es ihr ermöglichte, sich dennoch in einen anderen Mann zu verlieben. Das geschieht ausgerechnet zu dem Zeitpunkt, zu dem sie ihm von ihrer neuen Liebe erzählt und gleichzeitig seine Liebesgefühle weckt.

Er zieht deshalb eine gute Bekannte zu Rate, die ihm helfen soll, seine Gedanken und Gefühle etwas zu ordnen. Zunächst einmal sagt sie ihm, dass seine Freundin diesen neuen Mann wohl körperlich begehren würde, wohingegen das bei ihm nicht der Fall wäre. Das sei aber ein Trugschluss, denn körperliches Begehren sei keine Liebe und jemanden körperlich nicht zu begehren bedeute auch nicht, denjenigen nicht zu lieben. Frauen würden darüber hinaus, das sollte man wissen, zum Narzissmus neigen, vor allem wenn sie körperbezogen seien, und auch, wenn sie statusbezogen seien; dann nämlich würden sie die Position des Mannes, seine Macht, sein Geld und/oder seinen Prominentenstatus faszinierend finden.

Das schwirrt nun durch den Kopf des Mannes. Was meint ihr dazu? Er versteht seine Freundin einfach nicht. Ist daraus nun zu schließen, sie sei geheimnisvoll?

»Es war die Rede davon, dass Männer, erotisch gesehen, ›schwanzgesteuert‹ seien, wohingegen Frauen nicht nachgesagt wird, dass sie ›vaginagesteuert‹ seien. Frauen scheinen Männern offenbar überlegen zu sein, obwohl das wohl auch wieder nicht ganz zutreffend ist. Frauen wollen sich verlieben, wollen gute Gespräche führen, schätzen einen Mann als Freund. So war es in diesem Fall wohl. Sind Männer wirklich sexuell orientierter als Frauen?«

Diesem Mythos sollten wir auf den Grund gehen. Ich behaupte, dass Frauen genauso sexuell-erotisch orientiert sind wie Männer, obwohl das immer wieder von vielen abgestritten wird. Die Frauen sprechen aber mit Männern über ihr subtiles Empfinden nicht offen, sondern verwirren mitunter durch Begriffe wie Anziehung, Chemie, Dualität der Seelen, Exhibitionismus, Karma, Narzissmus, Seelenfreundschaft. Und ihre erotische Sehnsucht verbergen sie häufig hinter Wortfassaden wie Akzeptanz, Beziehung, Ehe, Freundschaft, Geborgenheit, Partnerschaft, Verlässlichkeit, Vertrauen und, und, und ... Über diese Sehnsucht äußern sie sich also nicht konkret – weder gegenüber einem Freund und schon gar nicht dem Menschen gegenüber, in den sie sich verlieben.

Frauen kommunizieren gerne mit Schlagwörtern wie Liebe und Freundschaft, Verständnis und Verlässlichkeit und erwarten, dass sich der ›schwanzgesteuerte‹ Mann im Zaum hält, geben aber wiederum über ihre eigene Sexualität und ihre eigene Erotik nichts beziehungsweise recht wenig preis. Das allein macht dem Mann die Frau offenbar geheimnisvoll, obwohl sie das in Wirklichkeit nicht ist. Das ›Geheimnisvolle‹ einer Frau ist doch nur, wenn sie auf der einen Seite den Mann mit optischen Reizen erregt, ihn auf der anderen Seite jedoch durch Wortassoziationen verwirrt. Das alles hat auch nichts mit irgendeiner ›Chemie‹ zu tun.

Unser eingangs erwähnter Freund ist tatsächlich traurig darüber, dass seine Freundin ihm trotz der schönen Freundschaft eröffnete, in einen anderen Mann verliebt zu sein. Was ist daran geheimnisvoll? Frauen verbergen ihre erotischen Sehnsüchte oft unter saloppen Kleidern und durch eine sachlich-intelligente und assoziative Kommunikation mit den Männern. In ihnen schlummert aber ein Lebens- und erotisches Liebespotenzial, das jederzeit erwachen kann. Sind Frauen deshalb geheimnisvoll? Nein, das sind sie nicht.

»Ist eine platonische Freundschaft zwischen Mann und Frau eine Illusion?«

Nein, sie ist möglich. Platonische Freundschaften sind etwas Wunderbares, und sie sollten gepflegt werden. Sollte nun die erotische Liebe zwischen Mann und Frau ins Zentrum treten, ob jetzt plötzlich, ob jetzt langsam, werden solche Freundschaften von Energie überstrahlt. Wenn das geschieht, dann ist diese Frau doch nicht geheimnisvoll. Nur diejenige Frau, welche sich ständig einem männlichen Begehren entzieht, erscheint dem betreffenden Mann als geheimnisvoll, zumal dann, wenn sie auch verbal-assoziativ regelrecht von Begriffen zu Begriffen springt, die in der Kommunikation schnell ins Nirgendwo führen. So empfindet es jedenfalls der an der Ratio orientierte Mann. Es werden meist Schlagwörter und ›Schlagargumente‹ angeführt, die ihn zwar verstummen lassen, ihm aber auch einen Mangel an Liebe anzeigen, ja anzeigen sollten.

Seid also aufmerksam auf jedes Wort und auf jede Geste. Liebe benutzt eigene Wörter und eigene Gesten, und zwar in einer anderen Dimension, die mit der gemeinhin üblichen verbalen Kommunikation nichts zu tun hat. Wenn ein Mann mit einer Frau in diesen Bereich gelangen sollte – dann wird er eine Befreiung von der Konvention der Wörter, eine neue Freiheit der Gefühle erleben.

VON KUMMER UND SCHMERZ, TRENNUNGEN UND WERTUNGEN

Jetzt kommen wir zu dem leidigen Thema Trennung. Ich erwähnte es bereits: Siebzig Prozent aller Scheidungen gehen von Frauen aus. Das ist so, obwohl

Frauen beziehungsfixierter sind als Männer. Falls sie jedoch das Gefühl haben, nicht geliebt zu werden, oder falls sie sich in einen anderen Mann verlieben, dann treffen sie eine Trennungsentscheidung schneller und radikaler, als Männer dies tun.

Wenn Männer eine Geliebte haben, dann ist das für sie noch längst kein Grund, die Scheidung einzureichen, denn sie können ganz gut zweigleisig leben: hier die häusliche Geborgenheit der Ehe und dort die Liebesaffäre mit einer neuen und spannenden Sexualität.

Frauen können selbstverständlich auch einen Geliebten haben, fühlen sich dann jedoch gedrängt, sich für einen von beiden entscheiden zu müssen. Denn die Männer, also ihre Liebhaber, drängen intensiv darauf, dass sie sich voll und ganz für ihn entscheiden sollen. Männliche Geliebte drängen also diesbezüglich viel fordernder und dominanter als weibliche Geliebte. Ein Mann kann eine Geliebte oft jahrelang hinhalten, während das bei einer Frau, die einen Geliebten hat, in dieser Form eher selten geschieht.

»Sind Männer entscheidungsfreudiger und Frauen abwartender und duldsamer?«

Nein, so lässt sich das nicht vereinfachen. Frauen sind entscheidungsstärker, wenn sie sich trennen wollen, während Männer die Entscheidung, ihre Partnerschaft oder ihre Ehe zu beenden, gerne vor sich herschieben.

»Sind Frauen liebesfähiger als Männer?«

Da Frauen ihre Gefühle mit einbeziehen, also den Bereich Seele weniger verdrängen, sind sie liebesfähiger als diejenigen Männer, welche von ihrem Werkzeug Ratio beherrscht sind. Männer sind dann liebesfähig, wenn sie ihre Ratio nicht überbewerten. So sind beispielsweise Künstler, um es einmal ganz platt und pauschal auszudrücken, liebesfähiger als Bank- und Versicherungsmanager. Bei all dem gilt aber stets: Ausnahmen bestätigen die Regel – weshalb ich auch vor Verallgemeinerungen warne.

Männer und Frauen sind, sofern sie sensitiv sind, gleich liebesfähig. Warum immer dieses Werten? Wer ist liebesfähiger, kommunikativer, intelligenter, bindungsfähiger? Es geht um das Thema Trennung und Liebeskummer. Unter Liebeskummer leiden Männer und Frauen doch gleich. Es gibt keinen Unterschied in diesem Schmerz, denn es gibt keinen weiblichen im Gegensatz zu einem männlichen psychischen Schmerz. Angst ist Angst, und Schmerz ist Schmerz. Alle psychosomatischen Symptome, welche in der Seele auftauchen, sind gleich: Es gibt kein weibliches oder männliches Herzrasen, und es gibt auch kein weibliches oder männliches Magengeschwür.

»Gibt es einen Unterschied zwischen Trennungsschmerz und Liebeskummer?«

Schauen wir, was Trennung bewirkt: Es trennt sich jemand von mir, mit dem ich mein Leben geteilt habe, der mich mein Alleinsein vergessen ließ. Durch diese Trennung bin ich wieder allein. Das ist sehr schmerzlich und macht mir Angst. Ich bin erst einmal geschockt.

»Was ist dann Liebeskummer? Ist er schlimmer als der Trennungsschmerz nach dem Verlassenwerden?«

Wenn sich jemand von mir trennt, mit dem ich jahrelang zusammenlebte und vertrauliche Gespräche führte, dann tut das weh. Es entsteht eine große Lücke. Der Tod des Partners hinterlässt beispielsweise solch eine Lücke. Das ist Trennung.

Liebeskummer liegt auf einer anderen Ebene. Dieser

Kummer ist nur möglich, wenn ich wirklich geliebt habe. Da sich aber die meisten Paare nicht liebten, haben sie auch keinen Liebeskummer, sondern Trennungsschmerz, der dann aber als ›Liebeskummer‹ bezeichnet wird.

In unseren Gesprächen habe ich euch immer wieder darauf aufmerksam gemacht, dass wir mit vielen Wörtern recht schludrig umgehen. Zum einen: Liebeskummer ist der Kummer, der dann entsteht, wenn ich eine Liebe verliere, etwa durch Trennung oder durch Tod. Zum anderen: Trennungsschmerz ist etwas anderes, denn damit ist oft Wut, Aggression und ein Aufbäumen verbunden. Es melden sich Besitzansprüche: Du gehörst zu mir, kannst dich deshalb nicht so einfach von mir trennen; das lasse ich nicht zu, das akzeptiere ich nicht! Da bäumt sich ein Machtanspruch auf.

Mein Machtanspruch will das nicht akzeptieren, und somit kämpfe ich mit allen Mitteln dagegen: ›Ich kämpfe um dich, um unsere Liebe‹ lautet dann nicht selten die positiv formulierte Verbrämung. Mit Liebe hat das aber nichts zu tun. Gepaart mit Ohnmacht, führt solch ein Machtanspruch beim Verlassenen mitunter zu Verzweiflungstaten. So kommt es beispielsweise immer mal wieder vor, dass ein Ehemann nach der Trennung seine Frau und seine Kinder umbringt, um sich danach selbst eine Kugel in den Kopf zu jagen. Das ist Trennungsschmerz, der zu Hass und Destruktion führt. Dieser Schmerz hat nichts mit wahrer Liebe zu tun. Ist das verständlich?

»Kannst du auf beides, auf Trennungsschmerz und auf Liebeskummer, noch etwas näher eingehen?«

Trennung ist schmerzlich. Sie stellt mich selbst infrage, und zwar hinsichtlich der gesellschaftlichen und der gesamten wirtschaftlichen Verflechtungen: Kinder, Familie, Beruf, Haus und so weiter. Alles scheint zusammenzubrechen, alle Werte, auf die ich vertraut und gesetzt habe, scheinen plötzlich nichts mehr zu gelten.

Liebeskummer dagegen ist der große seelische Kummer, in dem Melancholie und Trauer auftauchen. Bei diesem Kummer handelt es sich also um etwas primär Seelisches. Meine Seele weint, weil ich von einer Liebe, von etwas Geliebtem, Abschied nehmen muss. Solche Trauer trägt kein aggressives Potenzial in sich, denn dieser Kummer ist eine Form von Liebe. Liebeskummer kennt keinen Hass, denn die Liebe ist dabei stets präsent. Ich habe deshalb Kummer, weil ich noch liebe. Nichts hat sich in Kampf, nichts in Hass verwandelt. Seht ihr den Unterschied?

»Ich habe diesen Unterschied bisher nicht so gesehen. Also ist Liebeskummer wertvoller und sogar wichtiger als der Trennungsschmerz?«

Im Trennungsschmerz ist dein Ego betroffen und verletzt, im Liebeskummer trauerst du über eine verlorene Liebe. Ein Liebeskummer lässt dich wachsen und reifen – und das ist das Positive am Liebeskummer: Er hilft dir, dich selbst zu finden, dich reifer und noch viel liebesfähiger werden zu lassen. Aus Liebeskummer gehst du gestärkt und liebevoller hervor.

Aus Trennungsschmerz hingegen gehst du frustrierter und verbitterter hervor, zumal dann, wenn niemals Liebe da war, weil die Beziehung lediglich mit dem Etikett ›Liebe‹ versehen worden ist. Dein Verstand rebelliert deshalb gegen Trennung und sinnt nach Rache.

Wenn du liebst, läutert sich dein Kummer, und zwar

jenseits vom Denken. Deine Seele leidet; sie meldet sich; sie umarmt dein Ego. Aus solchem Liebeskummer wird, wie gesagt, deine Liebesfähigkeit in Zukunft gestärkt hervorgehen – sei es in einigen Monaten, sei es in einigen Jahren.

»Welche Bedeutung hat der Faktor Zeit beim Liebeskummer?«

Wer in der Gegenwart lebt, der lebt bereits zeitlos. Demnach hat für ihn die Zeit wenig Bedeutung, weil gestern nicht mehr und Zukunft noch nicht ist. Liebende leben in der Gegenwart. Sie sind nicht von der Vergangenheit gefangen, und sie legen auch nicht Hoffnungen und Illusionen in eine phantasierende Zukunft. Liebe entfaltet sich jetzt, in diesem Augenblick, oder sie ist nicht. – Ihr lacht, aber das ist nicht humorvoll gemeint.

»Einige lachen, weil es absurd oder paradox erscheint: Liebe ist jetzt, oder sie ist nicht. Wo bleibt da die Verlässlichkeit?«

Wo da die Verlässlichkeit bleibt? Das Denken will stets Verlässlichkeit. Die Ratio will das, denn sie erwartet Sicherheit. Wollen wir zu Robotern werden? Es gibt im Lebendigen keine Sicherheit, und Liebe ist das besondere Ereignis in unserem Leben, das aus der Seele geboren wird und nicht mit der Ratio geplant und programmiert werden kann.

Was wir schon gemeinsam betrachtet und besprochen haben, möchte ich an dieser Stelle erneut wiederholen, denn es ist nicht schwer zu verstehen, sondern ganz einfach: Die Seele liebt, nicht die Ratio. Liebeskummer entsteht in deiner Seele. Sie reift und wächst in einem liebenden Leben in der Gegenwart. Liebeskummer blüht auf und verwelkt.

MILLIONENFACHER ABSCHIED, MILLIONENFACH NEUES

Das ist heute unser letztes Gespräch. Wir sollten uns deshalb heute mit dem Thema ›Abschied‹ befassen. Einige von euch fühlen vielleicht eine Traurigkeit in sich, andere aber freuen sich darauf, wieder nach Hause zu fahren. Warum stimmt den einen Abschied melancholisch, den anderen dagegen fröhlich?

»Mich macht jeder Abschied traurig, weil etwas vorübergeht, weil nichts wirklich festgehalten werden kann. Ist das nicht verständlich?«

Natürlich ist es verständlich, aber sagt das uns nicht noch viel mehr? Schau, wir haben von Kindheit und Jugend an gelernt, wenn möglich alles Positive und Schöne bewahren zu wollen. Deshalb neigen wir zur Wiederholung.

»Du sagtest, dass in der Liebe die Wiederholung kein Weg sei, weil man sich so die Frische des Augenblicks verderbe. Ist meine Melancholie falsch?«

Sie ist nicht falsch, sondern zeigt dir etwas, führt dich auf eine interessante Spur. Wenn du etwas fixieren würdest, dann würde das zu etwas Selbstverständlichem und letztlich zu einer Gewohnheit. Liebe aber ist nichts Selbstverständliches. Sie kann nicht erwartet werden, denn sie ist neu und frisch in der Gegenwart, ansonsten ist es keine Liebe. In diesem Zusammenhang kommt mir von Goethe ein Gedanke ins Gedächtnis, und ich zitiere ihn sinngemäß: ›Warum bin ich vergänglich, o Zeus‹, so fragte die Schönheit? – ›Macht' ich doch‹, sagte der Gott, ›nur das Vergängliche schön.‹ Und die Liebe, die Blumen, der Tau und die Jugend vernahmen's; alle gingen sie weg, weinend, von Jupiters Thron.

»Wenn aber nur das Vergängliche schön ist, kann man dann überhaupt noch auf das Vergangene vertrauen?«

Du unterscheidest richtig zwischen Vergänglichem und Vergangenem. Eine Kirschblüte beispielsweise ist, im Augenblick ihrer Präsenz im Frühlingsduft, wegen ihrer Vergänglichkeit so schön. Danach ist sie nur noch Vergangenheit in deinem Gedächtnis.

›Warum bin ich vergänglich‹, fragt die Schönheit – beispielsweise eine schöne Frau – den Gott Zeus. Und er antwortet ihr als der Schöpfer allen Daseins, der Pflanzen, Tiere und Menschen: ›Macht' ich doch nur das Vergängliche schön.‹ Das ist die Tatsache der Lebensgesetze. Wie reagierten andere darauf, die das von Zeus hörten? ›Die Liebe, die Blumen, der Tau und die Jugend vernahmen's‹ alle und gingen weinend weg. Sie weinten über ihre Vergänglichkeit. Wir aber, so hoffe ich, weinen nicht, wenn wir von diesem Ort weggehen, weil wir nun wissen, dass alle Schönheit das Vergängliche wesensmäßig enthält. Vergänglichkeit ist ein elementares Grundgesetz des Lebens. Könnt ihr das sehen?

»Ist diese Vergänglichkeit nicht schrecklich traurig?«

Deshalb verließen die Liebe, die Blumen, der Tau und die Jugend weinend Gott Zeus, als sie erkannten, dass sie vergänglich sind. Im Weinen drückt sich Trauer aus. Wer nicht weinen kann, wird melancholisch gestimmt. Wer aber von der Vergangenheit Abschied nimmt, wird fröhlich gestimmt. Wir alle – und zwar ausnahmslos alle – sind der Vergänglichkeit unterworfen. Das bedeutet, dass wir ständig Abschied nehmen. Unser Leben besteht fortwährend aus Gegenwart und Abschied nehmen, zum Beispiel von der

Kindheit, dann von der Pubertät, danach von der Jugendzeit, dann von der ersten Liebe, danach von der Zeit zwischen zwanzig und dreißig, dann von der Lebensmitte mit ihren Krisen, danach von der Zeit, in der wir uns als ›älter‹ bezeichnen, und nach sechzig Jahren von dem Gefühl, noch jugendliche Attraktivität zu besitzen. Wir nehmen ständig Abschied von Lebensphasen, weil sie alle vergänglich sind.

»Macht unsere Vergänglichkeit uns nicht ständig traurig? Wie kann man da noch Lebensfreude haben?«

Aber, aber, liebe Fragerin, gerade das wollten wir hier gemeinsam herausfinden. Alles geschieht in der Gegenwart, geschieht in jedem Augenblick neu. Und nur weil das so ist, kann sich Freiheit entfalten. Der Körper altert zwar, weil er dem biologischen Gesetz des Lebens unterworfen ist, aber das Leben, die Freiheit erneuern sich ständig. Dein Körper durchschreitet zwei Tore: Das erste Tor ist deine Geburt, das zweite steht für endgültiges Sterben, für deinen Tod.

»Wir leben zwischen diesen beiden Toren ›Geburt‹ und ›Tod‹; das habe ich verstanden. Es ist die Grundlage des Lebens: Wir werden geboren, entfalten uns – und werden sterben. Dazwischen ist die Schönheit der Liebe, der Blumen und des Taus auf den Gräsern. Ach, ich sehe, darauf kommt es an. Ist das richtig?«

In diesem Dazwischen bist du sowohl lebendig als auch vergänglich, wenn du lebst und liebst. Du ›stirbst‹ also jeden Augenblick, um aus ihm neu hervorzugehen. Diese Vergänglichkeit macht dich selbst und alles um dich herum schön.

»Ich will es nicht verstehen: Soll das schön sein, wenn alles vorübergehend ist, alles vergeht, alles nur schöne Stunden sind? Das ist doch ein großes Problem.

Ich habe das noch nicht verstanden. Wie soll ich das mit all meinen Hoffnungen auf die Zukunft verstehen?«

Im Abschiednehmen liegt die volle Weisheit, das Leben erkannt zu haben. Dann wirst du auch sehen, warum Hoffnungen auf die Zukunft, die natürlich verständlich sind, nichts mit der Wirklichkeit im gelebten Augenblick zu tun haben. Du lebst, und in jedem Augenblick blüht und stirbt dieser Augenblick; deshalb gehst du neu und frisch daraus hervor. Weil jeder Moment stirbt, lebst du gegenwärtig neu und wirst von der Energie und Kraft des Lebens durchströmt. Wenn du dich dagegen blockierst, stirbst du – lange vor dem Durchschreiten des zweiten Tores – seelisch ab, denn dann hast du dich vorzeitig vom Leben und von der Liebe verabschiedet.

Du kannst lieben, und zwar durch alle Phasen des biologischen Alterungsvorgangs. Deine äußere Schönheit mag zwar vergehen, weil Zeus nur das Vergängliche schön macht, die Blüten und den Tau, aber wenn deine äußere Schönheit vergeht, lebt deine seelische Schönheit in Liebe, Blüte und Tau. Und weil deine seelische Schönheit täglich neu erblüht, bist du stets voll präsent.

Jeder liebende Mensch, der hellwach sich selbst und seine Lebendigkeit in der Gegenwart liebt, wird zu einem Geschenk für andere, denn er strahlt die Aura der generellen Liebe aus. Sein Leuchten wird wahrgenommen und macht ihn anziehend.

Wenn wir heute voneinander Abschied nehmen, dann wird jeder von uns, so hoffe ich, liebend leben und mit seiner Lebensfreude andere beschenken. Er wird anziehend für andere sein, ohne das zu beabsichtigen. In solcher Absichtslosigkeit liegt ein besonderer Zauber.

»Ist das nicht alles viel zu schwer für einen Normal-
menschen? Das ist doch eine Theorie, oder? Vielleicht
ist es sogar eine Utopie.«

Wir sollten sehr kritisch mit den Wörtern ›Theorie‹
und ›Utopie‹ umgehen. Es ging in unseren Gesprächen
nicht um Theorien, auch nicht um Utopien, denn sowohl Theorie als auch Utopie richten sich nur an den
Verstand, also an die Ratio. Unsere Ratio aber hilft uns
hier nicht weiter, denn sie führt in eine Sackgasse. Die
Liebe und das Genießen des Augenblicks geschehen
völlig unabhängig von der Ratio, weil beides allein
in der seelischen Dimension erlebt werden kann. Wir
sind weit vorangekommen und können jetzt in jedem
Augenblick des Erlebens dieses Erlebnis loslassen,
ohne es im Gedächtnis zu speichern. Liebe geschieht
täglich neu... und wir sind dafür offen. Jeder Augenblick stirbt sofort, und ein neuer Augenblick tritt hervor und vergeht in diesem Augenblick. Darin liegt die
unendliche Quelle und Energie des Lebens und der
Liebe.

ANHANG

BEITRÄGE UND FRAGEN DER TEILNEHMER

An dieser Stelle werden Beiträge und Fragen von Teilnehmern aufgeführt, die sich auf wichtige Inhalte der Thematik beziehen. Da es nicht sinnvoll erscheint, ein Buch wie das vorliegende mit einem Register zu versehen und da vielleicht dennoch bei vielen Leserinnen und Lesern das Bedürfnis entsteht, für sie interessante Passagen nochmals zu lesen, habe ich mich dazu entschlossen, bestimmte Beiträge und Fragen auf den folgenden Seiten Revue passieren zu lassen.

Um das Finden der jeweiligen Stellen zu erleichtern, wird auf die einzelnen Kapitel hingewiesen.

KAPITEL 1
LIEBE UND BEZIEHUNG

»Ich habe eine grundlegende Frage: Besteht ein Unterschied zwischen Liebe und Beziehung? Oder ist beides eine Einheit?«

»Warum gehen viele eine Beziehung ein, ohne sich wirklich zu lieben? Stecken wir dann nicht in einer Beziehungsfalle?«

»Heißt das, dass ich nur aus wirklicher Liebe eine Beziehung eingehen sollte? Wie kann ich aber wissen, ob es Liebe ist oder nur Sympathie oder dass ich Konventionen verhaftet bin, die mir sozusagen signalisieren, dass es an der Zeit ist, jetzt eine feste Beziehung einzugehen?«

»Mein Gott, so viele Aussagen darüber, was nicht Liebe ist. Mir schwirrt der Kopf. Außerdem ertappe ich mich dabei, dass etliche Punkte auf meine Partnerschaft zutreffen.«

»Ich verstehe nicht recht, warum wir mit dem Thema ›Keine Liebe ist ...‹ beginnen? Mich würde viel mehr interessieren, was Liebe ist.«

»Mich schreckt der Gedanke, dass wir in einer Falle sitzen. Ist das eine Art Gefängnis?«

»Sind wir wirklich alle falsch programmiert?«

»Ist damit die so genannte ›freie Liebe‹ gemeint?«

»Ich mag sie, denn sie ist mir sehr vertraut; ich kann mich auf sie verlassen, und sie ist eine gute Mutter unserer beiden Kinder. Wir sind ein gutes Team und haben eine harmonische Beziehung. Ich würde deshalb sagen, dass ich meine Frau liebe und wir eine gute Beziehung haben.«

»Die Liebe zu Silke, so heißt sie, ist auf einer anderen Ebene angesiedelt. Wir führen viele Gespräche über das Leben, die Liebe und das Sterben; mit ihr sind alle gemeinsamen Stunden sehr romantisch.«

»Damals war es auch romantisch, aber das hat natürlich in der Ehe leider nachgelassen. Unsere beiden Kinder sind dann hinzugekommen und meine verstärkten beruflichen Anstrengungen, Karriere zu machen. Der Alltag hat die Romantik irgendwie weggewischt.«

»Willst du damit sagen, dass ich mich der Kinder wegen nicht von meiner Frau scheiden lassen sollte?«

»Das Schweigen hat mir gut getan. Es ist schon

lange her, dass ich einmal eine halbe Stunde an einem Bach saß und in das dahinfließende Wasser schaute. Ich glaube, es war als Kind... Jetzt hat mich ein Glückshauch meiner Kindheit gestreift.«

KAPITEL 2
DER SOG DER FALLE

»Ich bin schon über den ersten Punkt gestolpert: ›Keine Liebe ist, den anderen zu manipulieren, weil er so sein soll, wie man ihn sich wünscht.‹ Das würde aber doch bedeuten, dass man keine Wünsche haben sollte und der andere machen kann, was er will.«

»Das kommt mir so abstrakt vor, analytisch und nicht lebendig genug.«

»Was ist denn der Sauerstoff, der eine Liebe am Leben erhält?«

»Nach einiger Zeit aber trat bei mir Langeweile auf, weil ich zu wenig geliebt habe. Verliebt war ich anfänglich schon, aber dann hat sich dieses Gefühl im Zusammenleben wieder verflüchtigt. Ich bin dann mit Freundinnen ausgegangen und habe mit anderen Männern geflirtet. Das gibt mir dann immer wieder ein gutes Lebensgefühl. Ich wünsche mir aber, konstant sein zu können, Liebe zu empfinden, so dass ich treu sein kann und nicht jedes Jahr eine neue Beziehung beginne. Ich möchte mich viel besser selbst verstehen. Was ist mit mir los? Läuft da etwas falsch?«

»Es wurde von mir immer Gegenliebe erwartet. Doch die konnte ich nicht in der Größe zurückgeben, in der sie von mir erwartet wurde. Meine Selbstbestätigung habe ich zwar erhalten, sie hat mir auch gut getan, aber aus solcher Selbstbestätigung entstand und entsteht bei mir keine Liebe.«

»Ich verstehe, dass man sich nicht abhängig machen sollte von der Meinung des sozialen Umfelds, auch von den Ansichten guter Freunde, wenn es um die Liebe geht. Aber warum sollte es falsch sein, die Liebe mit dem Denken zu überprüfen, also die Vor- und Nachteile abzuwägen?«

»Aber wir brauchen doch das Denken, um im Beruf und im Alltag die richtigen Entscheidungen zu treffen. Man kann das Denken doch nicht beiseite lassen… Dann würde man für naiv und dumm erklärt.«

»Soll man sich einfach in das Abenteuer einer Beziehung stürzen, ohne das mit dem Denken abzuwägen?«

»Die Liebe hat bei ihr nachgelassen; sie fühlte sich in unserer Beziehung eingeschränkt. Ich habe den Fehler gemacht, dass ich sehr eifersüchtig war und sie kontrollierte. Hat nichts genützt, denn sie ist trotzdem fremdgegangen mit ihrem Arbeitskollegen, in den sie sich verliebte. Sie hat sich danach von mir getrennt und lebt jetzt in einer neuen Beziehung.«

»Ist es aber nicht schön, wenn ein Paar Vertrauen zueinander hat und so die Liebe zur wahren Entfaltung bringt?«

KAPITEL 3
LIEBE, EROTIK, SEXUALITÄT

»Was geschieht, wenn die Erotik und das sexuelle Interesse nachlassen? Was soll man dann tun, wenn die Beziehung ansonsten gut funktioniert?«

»Ich habe auch den Eindruck, dass wir viele sexuelle Wünsche in uns tragen, sie aber oft mit dem Partner nicht voll und ganz ausleben, weil hier Hemmungen bestehen. Ich traue mich sexuell nicht so richtig aus mir heraus, wenn ich in einer festen Beziehung lebe, so, als würde es sich nicht gehören, als wäre es unschicklich, alle meine sexuellen Wünsche zu offenbaren.«

»Das kenne ich. Ich lebte fünfzehn Jahre in einer so genannten guten Ehe. Alle Freunde und Bekannten dachten, wir seien eine Art Musterpaar. Es gab keinen Streit, und meine Frau stand nach außen hin voll und ganz hinter mir. Es beging auch keiner von uns einen Seitensprung. Das Haus war topp in Schuss, und unsere beiden Kinder waren gute Schüler. Wir waren also sozusagen das perfekte Paar. Aber sexuell tat sich seit Jahren überhaupt nichts mehr, nicht einmal im Urlaub. Wir teilten zwar ein Ehebett, aber konnten nicht einmal mehr miteinander kuscheln. Wir vermieden jegliche körperliche Berührung, weil sie nichts Anziehendes mehr hatte, sondern eher etwas Abstoßendes. Wenn ich morgens das Haus verließ, gab es auch keinen Abschiedskuss, sondern nur ein freundliches Winken. Die Beziehung war durchaus gut, Verlässlichkeit und Vertrauen waren da, aber die Erotik war weg. Es fehlte, um deine Worte zu gebrauchen, die spezielle Liebe zwischen Mann und Frau.«

»Ich habe in dieser Zeit, ohne Sexualität in meiner Ehe, fünfzehn Kilo zugenommen, die sich nach der Scheidung wieder um zehn Kilo reduziert haben. Heute weiß ich, dass ich in einer Scheinzufriedenheit lebte, dass wir zwar ein gutes Team waren, aber beide nicht wirklich glücklich waren. Ich möchte diese alten Fehler in Zukunft vermeiden und mit meiner neuen Partnerin glücklich werden. Wie mache ich das?«

»Ich habe ihn geheiratet, weil ich geschmeichelt war von seinen Komplimenten und seinem Interesse an mir. Wenn ich es mir heute mit Abstand betrachte, dann bezweifle ich, dass ich ihn wirklich liebte. Ich mochte ihn, und er war mir sympathisch; das war ganz sicher so. Ich hielt es wohl für Liebe, weil ich nichts anderes erlebt hatte.«

KAPITEL 4
SELTENE STERNSTUNDEN

»Mein Einwand: Ich bemühe mich doch nur mit Blumen, meinem Charme und Komplimenten um eine Frau, wenn ich mich in sie verliebt habe, oder?«

»Gibt es Männer und Frauen, die liebesunfähig sind? Die zwar in einer Ehe oder einer Beziehung leben, also beziehungsfähig sind, aber liebesunfähig?«

»In einer Beziehung muss man sich Mühe geben, sich immer wieder zusammenraufen, auch wenn es einmal Streit gibt. Dann muss der Wille einsetzen, der aus dem Denken kommt, und dann findet man gemeinsam einen Weg, um sich wieder zu verstehen.«

»Ich habe in einem Buch von Erich Fromm gelesen, dass die Liebe einem nicht geschenkt werden würde, sondern dass man an ihr und für sie arbeiten sollte. Hat er da Recht?«

»... ich bin persönlich der Meinung, dass man an der Liebe arbeiten sollte, damit sie immer lebendig bleibt und vielleicht mit den Jahren reifer, schöner und erfüllter wird.«

»Ich meine, dass geliebt zu werden ein Grundbedürfnis jedes Einzelnen ist.«

»Es geht doch nicht, jemanden zu lieben, ohne eine Resonanz von ihm zu bekommen, oder?«

»Du hast nun viele Worte darüber gemacht, warum Liebe ein wichtiges Thema zwischen Mann und Frau ist, auch darüber, dass es wichtiger sei, selbst zu lieben, also lieben zu können, anstatt darauf zu schielen, geliebt zu werden. Das habe ich verstanden. Aber wie soll das konkret... realisiert werden können?«

KAPITEL 5
DIE ANGST VOR DEM ALLEINSEIN

»Du sagtest, man sollte lieben, ohne auf Gegenliebe zu schielen. Das bedeutet für mich, sehr viel Stärke zu haben. Wenn ich die aber nicht habe? Ich möchte wiedergeliebt werden, weil ich nicht allein sein will. Um das Alleinsein zu beenden, möchte ich deshalb eine liebende Beziehung haben, weil der Mensch ja auch ein soziales Wesen ist. Liebe führt aus der Isolation heraus. Dieses Thema halte ich für wichtig. Was also mache ich, wenn ich jene Stärke nicht habe?«

»Es wird in der Frage angesprochen, dass es viel Stärke braucht, allein leben zu können. Wir suchen eine Beziehung, um nicht mehr allein zu sein, um das Alleinsein zu beenden, schrieb sie. Und sie meinte auch, dass die Liebe aus der Isolation herausführe. Ich verstehe das voll und ganz, denn ich möchte auch nicht alleine sein. Das sehe ich doch richtig, oder?«

»Jeder ist ein Einzelwesen, sagst du. Wie meinst du das?«

»Gut, jeder ist ein Einzelwesen, aber durch die Liebe kommen wir doch zusammen, oder?«

»Willst du damit sagen, dass jemand, der liebt und Gegenliebe erwartet, eine Art Geschäftsaustausch vornimmt?«

»Wenn Liebe kein sozialer Geschäftsaustausch ist, was ist sie dann? Ist Liebe ohne jede Absicht? Kann man lieben, ohne Erwartungen zu haben? Und bleibt man trotz Liebe letztendlich allein?«

»Ich war bisher immer der Meinung, an der Eifersucht könnte ich erkennen, ob meine Partnerin mich noch liebt. Offenbar kann man sich da täuschen. Ist denn Eifersucht kein Gradmesser für Liebe?«

»Kann es sein, dass Männer, die zu Workaholics werden und zwölf bis sechzehn Stunden am Tag arbeiten, aus ihrer Beziehung fliehen?«

»Ich bin seit vier Jahren verheiratet, und wir führen gemeinsam eine gute Beziehung: Jeder hat seine Aufgaben, von denen du auch gesprochen hast. Seit einem Jahr haben wir schon keine Sexualität mehr miteinander, ist uns also irgendwie die Erotik abhanden gekommen. Ich frage mich oft, wie es dazu kommen konnte. Mit meinem Mann habe ich zwar schon darüber gesprochen; er meinte, dass das wohl daher käme, dass wir so viel Arbeit hätten und abends einfach zu müde seien. Ich fragte ihn dann, ob er mich noch liebe, worauf er antwortete, mit Liebe hätte das nichts zu tun, denn wir wären doch ein gutes Team, wir könnten einander vertrauen... Da musste ich ihm einfach Recht geben, und ich war erst einmal beruhigt.«

»Heute habe ich mir Gedanken über die Denkmuster gemacht, von denen du geredet hast. Wir leben wohl mit solchen Mustern beziehungsweise Vorurteilen zusammen, aber begegnen uns als Menschen nicht wirklich. Hat das mit diesen Mustern zu tun? Kann man diese Muster auflösen und somit ermöglichen, sich wieder gegenseitig zu berühren, zu spüren und direkter zu begegnen?«

»Die ganze Zeit über habe ich geahnt, dass Sex wichtig ist und dass unserer Liebe etwas fehlt. Es fehlt ein Teil, damit unsere Liebe wirklich rund ist. Sex ist sicher nicht alles, aber ohne Sex ist die ganze Beziehung nicht rund.«

KAPITEL 6
LIEBE, WIE SIE SEIN SOLL

»Ich habe in meinem Leben noch nie eine so intensive Liebe erlebt, vor allem nicht in Verbindung mit der Natur, wie du es beschrieben hast. Was hat es damit auf sich?«

»Ich hatte einmal eine Liebesnacht im Urlaub mit meiner damaligen Freundin. Wir liebten uns am Strand und waren sehr glücklich. Es ist für mich mein schönstes sexuelles Erlebnis, das ich hatte, weil ich meine Seele dabei intensiv spürte. Warum habe ich das in dieser Intensität bis heute nie mehr erlebt?«

»Sex ist wiederholbar, Liebe aber nicht. Willst du darauf hinaus? Gedanken sind wiederholbar, Gefühle aber nicht. Ist es das?«

»Du sagtest, dass das Denken wie ein Computer funktioniert, mit einem Speicher, der mit unserem Gedächtnis vergleichbar ist.«

»Da wir Körper, Seele und Geist zur Verfügung haben, können wir den Geist wie einen Computer sehen, sollten aber unsere Seele davon völlig unabhängig sehen. Meinst du das?«

»Es hat mich irritiert, dass man Gefühle nicht wiederholen sollte oder könnte. Tut mir Leid, aber das habe ich einfach nicht verstanden.«

»Du sagtest gestern, dass man Gefühle nicht so mechanisch reproduktiv wiederholen könnte, weil sie aus dem Augenblick entstehen. Deshalb sollte man Wiederholungen vermeiden.«

»Ich bin der Meinung, dass Gefühle der Liebe jederzeit und absolut wiederholbar sein müssen, denn sonst würde man sich ja auf nichts mehr verlassen können. Dann könnte man letztlich doch auch keine Beziehung eingehen.«

KAPITEL 7
DIE SEXUALITÄT

»Du bist doch ein Befürworter der Liebe. Warum verteidigst du nun eine Sexualität ohne Liebe?«

»Es ist für mich verständlich geworden, dass Gedanken und Gefühle nicht materiell sind. Aber sie sind trotzdem vorhanden. Die Liebe materialisiert sich im Körper durch die Sexualität. Kann man das so sagen?«

»Wie aber ist es mit Kindern, die in einer zerrütteten Familie heranwachsen, in welcher der Vater beispielsweise Alkoholiker ist und seine Frau und auch die Kinder schlägt?«

»Ist es nicht viel wichtiger, dass Kinder in einer Familie heranwachsen, in der sie angenommen und geliebt werden? Was soll diese Beschreibung der negativen Beispiele?«

»Führt Euphorie zur Liebe nicht in einen Abgrund der Schwäche und des Ausgenutztwerdens?«

»Es hat mich berührt, wie du heute über die Seele gesprochen hast, weil ich mich in einen Mann verliebt habe, der Probleme mit der Seele hat. Wir sind seit gut einem Jahr ein Paar. Er ist beruflich sehr erfolgreich und sieht gut aus, ist sehr gepflegt und intelligent. Auf den ersten Blick war er mein absoluter Traummann. Ich dachte, das ist der Richtige.«

»Ich war vor drei Jahren in meinen Partner sehr verliebt. Es war eine ›runde‹ Liebe, so eine, die du beschrieben hast. Ich war sehr glücklich und blühte richtiggehend auf. Das fiel allen Personen in meiner Umgebung auf. Sie sagten zu mir: ›Du strahlst etwas aus; du siehst weich aus. Man sieht, dass es dir gut geht.‹ Und einige sagten auch: ›Du leuchtest von innen heraus; das sieht man in deinem Gesicht und an deinen Bewegungen.‹ Das war sehr schön; es war mir so, als würden mich alle geradezu magnetisch anziehend finden, weil es mir gut ging und weil ich in Liebe war.«

»Dazu möchte ich etwas sagen. Wenn man durch die Straßen geht und die Menschen betrachtet, wie sie an einem vorübergehen, dann sieht man meist in traurige oder maskenhafte Gesichter. Ich sehe überall nur Frustration, Isolation und Unsicherheit in den Gesichtern und in der Körpersprache. Damit möchte ich nicht widersprechen oder behaupten, dass es diese beschriebene Aura des Leuchtens nicht gibt, denn ich habe das auch schon bei Paaren oder Menschen beobachtet, allerdings sehr, sehr selten.«

»Ich habe mich gestern gefragt, wie du das meinst, dass auch ein Einzelner leuchten kann, also ohne die erotisch-partnerschaftliche Liebe. Welche Art von Liebe ist das?«

»Jeder kann aus sich selbst heraus in Liebe leuchten. Meine Frage ist: Worin besteht der Unterschied der Liebe aus sich selbst heraus und der Liebe zwischen Mann und Frau?«

»Und wie ist es, wenn man in einer Beziehung lebt, aber im Stillen doch lieber wieder Single wäre?«

KAPITEL 9
LIEBESGEFÜHLE

»Es ist interessant, was du sagst. Ja, wenn ich ehrlich bin, dann gehöre ich auch solchen Gruppierungen an, um mich irgendwo zugehörig zu fühlen.«

»Aber niemand will allein sein. Wir sind soziale Wesen und streben deshalb nach Kontakten und nach Kommunikation.«

»Ich habe bisher Verliebtheit auch geringer eingeschätzt als die Liebe. Verliebtheit ist aber bereits Liebe. Habe ich das richtig verstanden?«

»Man will eine Beziehung eingehen, eine Partnerschaft – und verspricht sich, gegenseitig sexuell treu zu sein. Haben wir zu große Erwartungen?«

»Wir gehen davon aus, dass das die wirkliche Liebe ist. Wir wollen Sicherheit und die sexuelle Erotik in einer solchen Beziehung einbinden, um uns ganz sicher zu sein. Ich frage mich jetzt auch, ob das wahre Liebe ist.«

»Nun haben wir unser Nest, aber die Erotik der Liebe ist weg. Wir haben zwar Geborgenheit und Sicherheit, aber das, wofür wir das Ganze gemeinsam geschaffen haben, das ist plötzlich weg. Das ist doch tragisch, oder?«

»Kompliziert wird es dadurch, dass ich mich in einen anderen Mann verliebt habe. Das Tragische daran ist, dass gerade jetzt, wo das Haus fertig ist, die Liebe zu meinem Mann weg ist. Nein, falsch. Nicht in dem Sinne ist die Liebe weg, da ich ihn ja nach wie vor sehr gern habe, habe also keinen Hass auf ihn. Ich will sagen, ich liebe ihn sicherlich noch im Sinne von mögen und sehr schätzen. Verstehst du?«

KAPITEL 10
LIEBESKONFLIKTE

»Alles wird zur Routine. Die Sorgen stehen im Vordergrund. Routine und Sorgen zerstören die Liebe. Ist es nicht so?«

»Willst du damit sagen, wir sollten nicht so viel denken? Ist das Denken denn nicht notwendig, um im Beruf bestehen zu können, um Erfolg zu haben?«

»Jetzt habe ich verstanden. Der Liebe können wir uns nicht mit dem Verstand nähern, sondern nur mit unserer Seele. Wir wissen aber viel mehr über unsere Ratio und wenig über die Seele. Warum ist unsere Seele so manipulierbar?«

»Sollen wir also mehr auf unsere Seele schauen und die Ratio einmal beiseite lassen?«

»Ich habe dich so verstanden, dass die Liebe einer anderen Dimension angehört, nämlich der Dimension der Sinne und nicht dem Bereich der Ratio. Sehe ich das richtig?«

»Kann verschwundene Liebe überhaupt wieder zurückgeholt werden? Oder ist sie unwiederbringlich verloren, wenn sie erst einmal weg ist?«

»Ich verstehe. Telefonanrufe, E-Mails und SMS-Botschaften müssen nicht Ausdruck von Liebe sein. Auch der stattgefundene Sex muss nicht Ausdruck von Liebe sein; er bestätigt vielleicht nur mein Selbstbewusstsein. Das ist klar. Dennoch ist es schön, jemanden zu haben, der an einen denkt, der sich interessiert. Sollte man das nicht genießen?«

»Wir sind soziale Wesen und wollen nicht einsam sein. Ist das nicht normal und verständlich?«

»Ich denke, dass jene fünfzig Prozent der Ehen, die nicht geschieden werden, durchaus noch eine recht hohe Zahl darstellen. Selbst wenn sie sich nicht lieben sollten, schätzen sie andere Werte wie Geborgenheit und Verlässlichkeit. Was gibt es denn dagegen einzuwenden?«

»Selbst fünfzig Prozent Scheidungen können mich nicht beirren, daran zu glauben oder darauf zu hoffen, dass meine eigene Partnerschaft zu dieser positiven Hälfte gehört. Sollen wir nicht mehr an die Liebe glauben?«

»Welcher Unterschied besteht denn darin, an die Liebe zu glauben, an die wir alle glauben, und tatsächlich zu lieben?«

»Wir glauben alle an die Liebe, bevor wir sie konkret erlebt haben. Und jedes Mal hoffen wir, dass sie sich mit einem neuen Partner in einer neuen Beziehung ereignet. Was ist aber, wenn sich eine Beziehung problemlos ergibt, obwohl sich Liebe nicht ereignet?«

»Damit vertrittst du die Auffassung, dass Beziehung ein höherer Wert sein kann als die Liebe. Wo bleibt dann die Liebe?«

»Wie soll man aber unterscheiden, welcher Sex Liebe und welcher keine Liebe ist?«

»Sage uns, wie man Liebe in einer Beziehung leben kann. Wie geht das?«

KAPITEL 11
LIEBE MACHT SEHEND

»Frauen sind mir ein Rätsel, und deshalb haben sie für mich etwas Undurchschaubares. Frauen können, das habe ich selbst erlebt und erlitten, eine harmonische Beziehung abrupt und eiskalt beenden, wenn sie sich in einen anderen Mann verliebt haben. Das zeigt ja auch die von dir erwähnte Scheidungsstatistik, dass siebzig Prozent der Scheidungen von Frauen eingereicht werden. Wie kann man das verstehen?«

»Ich empfinde Männer nicht geheimnisvoll, obwohl sie meist nicht sehr redselig sind, wenn es um ihre Gefühle geht. Das ist ja für uns Frauen eine Binsenweisheit. Es hat wohl damit zu tun, dass Männer stärker von ihrer Ratio beherrscht sind, zumindest was ihre Kommunikation betrifft. Auf der körperlichen Ebene sind sie ›schwanzgesteuert‹. Das halte ich für kein abwertendes Vorurteil, sondern für eine biologische Tatsache. Weil es eine Tatsache ist, hat das auch nichts Geheimnisvolles an sich. Wir Frauen wissen das und spielen oft ganz bewusst damit. Die gesamte Frauenpresse drillt die Frauen darauf, mit ihrem Äußeren, angefangen bei Kosmetik, Dessous und modischen Klamotten, Männerblicke auf sich zu ziehen und deren Begehren zu wecken. Es ist kein Geheimnis: Die männlichen Sinne sind verführbar...«

»Ich glaube, es hat etwas mit Erotik und Sexualität zu tun. Einerseits wollen Frauen von Männern hören, dass sie geliebt werden; dafür setzen sie ihre erotischen Reize in Szene. Andererseits wollen sie nicht hören, dass sie ›nur deswegen‹ begehrt werden, denn das reicht ihnen nicht, da sie ganzheitlich geliebt werden wollen. Unter ›geliebt werden wollen‹ verstehen sie, dass ein Mann mit ihnen eine Beziehung eingeht. Eine Beziehung ist Frauen wichtiger als Sex, während Männern Sex überaus wichtig ist. Dafür gehen sie sogar eine Beziehung ein. Für Frauen ist Liebe als Bindeglied wichtig, und für Männer führt Sexualität als Bindeglied in die Beziehung. Hier sind die Prioritäten von Mann und Frau unterschiedlich. Aber auch darin liegt noch kein Geheimnis. Ist da nicht vielleicht noch etwas anderes?«

»Es war die Rede davon, dass Männer, erotisch gesehen, ›schwanzgesteuert‹ seien, wohingegen Frauen nicht nachgesagt wird, dass sie ›vaginagesteuert‹ seien. Frauen scheinen Männern offenbar überlegen zu sein, obwohl das wohl auch wieder nicht ganz zutreffend ist. Frauen wollen sich verlieben, wollen gute Gespräche führen, schätzen einen Mann als Freund. So war es in diesem Fall wohl. Sind Männer wirklich sexuell orientierter als Frauen?«

»Ist eine platonische Freundschaft zwischen Mann und Frau eine Illusion?«

»Sind Männer entscheidungsfreudiger und Frauen abwartender und duldsamer?«

»Sind Frauen liebesfähiger als Männer?«

»Gibt es einen Unterschied zwischen Trennungsschmerz und Liebeskummer?«

»Was ist dann Liebeskummer? Ist er schlimmer als der Trennungsschmerz nach dem Verlassenwerden?«

»Kannst du auf beides, auf Trennungsschmerz und auf Liebeskummer, noch etwas näher eingehen?«

»Ich habe diesen Unterschied bisher nicht so gesehen. Also ist Liebeskummer wertvoller und sogar wichtiger als der Trennungsschmerz?«

»Welche Bedeutung hat der Faktor Zeit beim Liebeskummer?«

»Mich macht jeder Abschied traurig, weil etwas vorübergeht, weil nichts wirklich festgehalten werden kann. Ist das nicht verständlich?«

»Du sagtest, dass in der Liebe die Wiederholung kein Weg sei, weil man sich so die Frische des Augenblicks verderbe. Ist meine Melancholie falsch?«

»Wenn aber nur das Vergängliche schön ist, kann man dann überhaupt noch auf das Vergangene vertrauen?«

»Macht unsere Vergänglichkeit uns nicht ständig traurig? Wie kann man da noch Lebensfreude haben?«

»Wir leben zwischen diesen beiden Toren ›Geburt‹ und ›Tod‹; das habe ich verstanden. Es ist die Grundlage des Lebens: Wir werden geboren, entfalten uns – und werden sterben. Dazwischen ist die Schönheit der Liebe, der Blumen und des Taus auf den Gräsern. Ach, ich sehe, darauf kommt es an. Ist das richtig?«

»Ich will es nicht verstehen: Soll das schön sein, wenn alles vorübergehend ist, alles vergeht, alles nur schöne Stunden sind? Das ist doch ein großes Problem. Ich habe das noch nicht verstanden. Wie soll ich das mit all meinen Hoffnungen auf die Zukunft verstehen?«

AKTUELLE SCHEIDUNGSSTATISTIK

Immer mehr Paare trennen sich. Die Zahl der Scheidungen hat in Deutschland im Jahr 2001 eine neue Rekordmarke erreicht, teilte im August 2002 das »Statistische Bundesamt« in Wiesbaden mit.

Von allen seit 1991 geschlossenen Ehen war jede fünfte 2001 wieder geschieden. Kinder in der Ehe werden nicht als Scheidungshindernis betrachtet. Nach der Statistik waren bei der Hälfte aller Scheidungen auch minderjährige Kinder von der Trennung ihrer Eltern betroffen.

LIEBESGEFÜHLE AM FLUSS

Den nachfolgenden Text schrieb ich im Herbst 2001. Die Liebe ist nicht personengebunden, denn sie geschieht völlig unabhängig von der speziellen Liebe zwischen Mann und Frau auch in der Sensitivität jeder Gegenwärtigkeit. Dieses Erlebnis möchte ich deshalb hier im Anhang als wichtige Ergänzung noch hinzufügen.

Es war ein Spätnachmittag im September. Ich saß, wie so oft, wieder einmal am Fluss und betrachtete die Wellen und das Schilf am gegenüberliegenden Ufer. Ein leichter Wind wehte, und von ferne hörte man die Geräusche einer Autostraße. Hier, an diesem abgelegenen Ort, war kein Mensch, denn es war mitten in der Woche; nur am Wochenende kam ab und zu einmal ein Wanderer vorbei, der sein Ziel vor Augen hatte, sich vielleicht auch für die reifenden Wildbrombeeren interessierte. Der Fluss lag abseits vom Weg, und man musste quer über eine Wiese gehen, um an sein Ufer zu gelangen.

Ich suchte mir einen Platz, der nicht mit viel Schilf bewachsen war, und setzte mich auf ein kleines Steinplateau. Am gegenüberliegenden Ufer standen Weiden, die ihre Zweige dem Wasser zuneigten. Die Sonne warf ihre Strahlen durch die Zweige auf die Wasseroberfläche. Das Licht vibrierte zwischen den Schatten der Zweige und spiegelte sich in den Wellen. Ich schaute und lauschte, und mein Denken kam zur Ruhe. Mit dem Schweigen des Denkens öffneten sich die Sinne voll und ganz – es gab nur noch Sehen und Hören. Das Ego trat völlig zurück, und da es kein Ego mehr gab, konnte sich meine Sensitivität voll und ganz entfalten... es war nur noch das vorhanden, was *ist,* und nicht mehr das, was sein *könnte*, also das, was aus dem Denken entwickelt wird. Die Zeit stand still, weil sie keine konkrete Bedeutung mehr hatte, und somit gab es auch keine Ebene für die Ratio (weder nach etwas zu streben noch etwas zu werden) – mein Ego war frei von allen Erinnerungen, auch von jeder Erwartung an die Zukunft.

Ich blickte in die Wellen des Flusses und sah mit Intensität, dass es die Wellen der Flüsse der ganzen Welt waren, hörte einen Vogelschrei und spürte, dass es die Schönheit der ganzen Lebendigkeit war. Der Fluss war nicht mehr ein bestimmter Fluss einer geografischen Region – ich erlebte den Fluss als solches. Und ich nahm den Wind auf meiner Haut zwar konkret und direkt wahr, fühlte aber zugleich das Windhafte aller Winde – eine Energie, die alles bewegt und berührt.

Da ich allein am Fluss saß, konnte niemand dieses Erleben mit seinen Worten stören. In diesem Moment fühlte ich etwas sehr intensiv: Vom Menschen völlig unabhängig, geht die Natur ihren eigenen Weg.

Und in diesem Augenblick erkannte ich: Alles menschliche Streben kommt allein aus dem Denken. Erst wenn das Denken schweigt, kann sich das *generelle Leben* unseren Sinnen voll offenbaren. Was macht daraus wiederum das Denken? Es will das Erlebte wiederholen! Das ist die Falle, die das Denken aufstellt. In dieser Sekunde wurde mir in aller Klarheit bewusst, dass alles, was mit dem Denken zu tun hat, fraglich ist: Besitz aufbauen, Erfolg haben und Liebe in Besitz nehmen, eifersüchtig sein und Macht ausüben, Religionen nachfolgen, Nationalitäten anerkennen und Hautfarben auf- und abwerten – alles das ist fragwürdig, ist in Zweifel zu ziehen, weil es vom Denken erzeugt wird.

So bin ich an diesem Nachmittag am Fluss für mein Denken »gestorben« und habe mein egobetontes Ich beendet. Religiöse Ansichten, politische Parteien, moralische Vorstellungen waren verworfen. Damit steht man gänzlich allein im Leben. Es ist die absolute Freiheit, denn alles konservative Denken und das Hängen an traditionellen Werten hat ein Ende. An diesem Tag bin ich »geendet«, nicht physisch, aber geistig und seelisch. Die Vergangenheit habe ich losgelassen, und zwar endgültig, so wie der Tod ein Ende setzt. Mit diesem Beenden aber hat meine Psyche eine neue Öffnung erfahren: Alles ist jetzt, nichts sollte wiederholt werden, denn Wiederholung will zwar das Denken, aber nicht die Lebendigkeit.

Solch ein Vorgang ist mit der Ratio nicht zu verstehen, denn nur im konkreten Erleben ist er zu erkennen. Deshalb ist die Botschaft meiner Bücher so schwer zu verstehen: Ihr müsst zuerst das Denken loslassen, dann durch das Tor des Endens gehen, bevor euch das Leben mit seiner Fülle offenbar werden kann. Erst danach erscheinen Liebe, Glückseligkeit und Lebensfreude. Was aber in der Gesellschaft unter dem Wort »Liebe« in den Medien und Köpfen der Menschen herumgeistert, ist weit entfernt von Liebe – vergleichbar einem Fernsehzuschauer, der auf seinem Bildschirm einen Fluss betrachtet und dabei doch so weit vom wahren Fluss entfernt ist. Welch ein Unterschied dazu, wenn du wirklich an einem Fluss sitzt und in die Wellen schaust, welche die Wellen aller Flüsse dieser Erde sind...

Lebe offen und total und beende alles Vergangene, denn keine Kontinuität sollte sich im Geist einnisten. Dann ist in jedem Augenblick alles frisch, dann können wir Liebe, Flüsse, unsere Vergangenheit und alle »Ideen für unsere Zukunft« mit neuen und jungen Augen sehen. Wir werden es sofort direkt sehen und nicht darüber analysierend nachdenken, denn es ist das fatale Gesetz des Denkens, uns in viele Sackgassen zu führen.

Als ich nach Einbruch der Dämmerung zurückfuhr, um noch auf eine Geburtstagsparty eines Bekannten zu gehen, erzählte ich einigen Gästen von meinem Erlebnis der Meditation. Aber niemand wollte zuhören und sich damit befassen, denn sie wollten nur »Spaß haben« und ihre täglichen Sorgen vergessen, wollten in der Falle ihres Denkens bleiben und nichts vom Loslassen des Egos wissen. Das aber klar zu sehen, ohne jegliche Wertung, das ist Freiheit. Es ist ein schonungsloses Sehen, völlig neutral, wenn du siehst und hörst und aufnimmst, was wirklich ist.

Der Fluss strömt weiter dem Meer entgegen, und

am kommenden Morgen wirft die Sonne rosafarbenes Licht über die Bäume. Ein neuer Tag erwacht. Er ist so viel größer und gewaltiger als unsere Gedanken, die einen neuen Morgen aus der Erinnerung reproduzieren. Die Aussage: »Kenne ich« – die reicht nicht. »Kenne ich« ist das Abhaken der Ratio, und damit stirbt die Liebe. Meditation ist der Zustand, in dem ich nichts kenne, denn alles ist in jedem Augenblick neu. Nur so leben wir fließend und enden nicht in einem seichten Nebengewässer, in dem die Wasserpflanzen zu faulen beginnen.

GOETHES LIEBESGEDICHT

Meinem Buch habe ich als Motto zwei Strophen eines Goethe-Gedichtes vorangestellt. Warum gerade dieses Gedicht? Um anschließend Goethes Worte zu interpretieren, hier nochmals sein Gedicht:

Ich denke dein, wenn mir der Sonne Schimmer
Vom Meere strahlt;
Ich denke dein, wenn sich des Mondes Flimmer
In Quellen malt.

Ich bin bei dir, du seist auch noch so ferne,
Du bist mir nah!
Die Sonne sinkt, bald leuchten mir die Sterne.
O wärst du da!

Als ich dieses Gedicht zum ersten Mal las, hat es mich zutiefst berührt, und zwar sowohl wegen seiner sprachlichen Schönheit als auch aufgrund seines Inhalts. Es ist zu einem meiner Goethe'schen Lieblingsgedichte geworden. Mit dem Thema dieses Buches hat es einiges zu tun.

Die ersten beiden Zeilen beginnen sehr einfach mit den Worten: »Ich denke dein, wenn mir der Sonne Schimmer vom Meere strahlt.« Ich denke an dich, wenn sich die Sonne in den Wellen des Meeres widerspiegelt. In solchem Denken liegt Erinnerung an die Geliebte oder den Geliebten, an eine Freundin oder einen Freund. Es ist eine Erinnerung, die ein Blick auf das Meer und »der Sonne Schimmer« in uns auslösen kann. Oder auch Wehmut, weil der geliebte Mensch nicht anwesend ist oder sich von mir getrennt hat. Melancholie schwingt in diesen Zeilen sicherlich mit. Es war einmal sehr schön mit dir – und deshalb: »Ich denke dein.« Jetzt.

Dann die zweite Zeile: »Ich denke dein, wenn sich des Mondes Flimmer in Quellen malt.« In diesem Satz scheint Goethe keinen Geringeren als Rainer Maria Rilke vorwegzunehmen, denn dieser Satz könnte neunzig Jahre später auch von dem wortverliebten Lyriker geschrieben worden sein. Wir Menschen sind sehr sensitiv: Wir sehen und hören, riechen und fühlen. Das ist die Basis unserer Existenz. Zuerst fühlen wir, und erst danach denken wir über die Gefühle nach, forschen sozusagen nach dem, was hierüber in unserem Gedächtnis gespeichert ist, und benennen es mit Worten. Gegenwart aber ist: »Des Mondes Flimmer malt in Quellen« sein Licht – wenn ich nachts an einer Quelle stehe und sich das fahle Mondlicht in dem Wasser widerspiegelt, kann es geschehen: »Ich denke dein.« Meine Sinne sind voll und ganz mit dieser Gegenwart verbunden, und ich schaue und lausche im Hier und

Jetzt. Ich bin in Meditation, in der sich die Energie der Liebe entfaltet. Und: »Ich denke dein.« Weil ich dich derzeit liebe oder weil ich dich einmal geliebt habe, deshalb denke ich jetzt dein. Ich erinnere mich an dich, »wenn sich des Mondes Flimmer in Quellen malt« – und das bedeutet, dass du mir wichtig bist oder wichtig warst.

Welch schöner und liebevoller Satz schließt sich in diesem Gedicht daran an? »Ich bin bei dir, du seist auch noch so ferne.« Ich bin bei dir, auch wenn du auf Geschäftsreise bist; ich bin bei dir, auch wenn du dich von mir getrennt hast; ich bin bei dir, auch wenn ich dich aus den Augen verloren habe; ich bin bei dir, auch wenn du mich nicht verstehst; ich bin bei dir, auch wenn du mich betrügst; ich bin bei dir, weil ich dich liebe; ich bin bei dir, weil ich dich geliebt habe, selbst wenn du meine Liebe nicht erwidern konntest; und ich bin bei dir, wenn der Tod dich aus dem Leben reißt. Ich bin bei dir und bleibe bei dir, »du seist auch noch so ferne«.

Wenn sich zwischen zwei Menschen einmal Liebe ereignet hat, dann können sie ihre Beziehung auflösen oder ihre Ehe scheiden lassen, aber ihr Bewusstsein von Liebe bleibt. Sie bleiben durch die Liebe verbunden: »... du seist auch noch so ferne«. Warum ist das so?

In der nächsten Zeile des Gedichts heißt es: »Du bist mir nah.« Das ist eine Tatsache. Wenn Liebe einmal zwischen uns war, dann können Stürme toben, Intrigen geschehen, Partnerschaften und Ehen geschieden werden und neue Partnerschaften und Ehen folgen, doch das Wesen der Liebe, wenn sie stattgefunden, wenn sie sich entfaltet hat, auch vor langer Zeit, auch nach vielem Streit – dieses Wesentliche bleibt unzerstörbar. So bleibt es auch nach Jahren und Jahrzehnten, denn: »Du bist mir nah.« Du warst mir einmal sehr nah, und deshalb bleibst du mir nah, auch in Zukunft – gleichgültig, was sich noch ereignet: Weil ich dich liebte und du mich liebtest, bleiben wir uns beide nah.

Das Gedicht ist aber damit noch nicht zu Ende. Die beiden letzten Verszeilen lauten: »Die Sonne sinkt, bald leuchten mir die Sterne. O wärst du da!« Die Sonne sinkt vom Horizont tief auf die Baumwipfel des Waldes, versinkt am Horizont des Meeres. Das ist der Lauf jedes Tages: Die Sonne sinkt, und der Sternenhimmel löst sie ab, so, wie er es gestern tat, so, wie er es vor Jahrzehnten tat in jener Nacht, in der wir uns liebten.

Wenn die Sterne leuchten, dann leuchten sie allen, selbst denen, die keinen Blick auf den Nachthimmel richten, weil sie sich vielleicht in Bars und Diskotheken die Nacht viel schöner vorstellen. Sie sehen nicht, wie die Sterne leuchten, und sie wollen wohl auch nichts mit solchen Erinnerungen zu tun haben.

Liebe entsteht immer nur jetzt, im Augenblick. »Ich denke dein« und »O wärst du da« – das ist die Sprache einer Melancholie, die im Vergangenen ihren Ursprung hat. Der Fluss fließt weiter, der »Sonne Schimmer strahlt vom Meere« und »des Mondes Flimmer malt sich in Quellen«. Die Sonne geht auf, und sie versinkt im Meer, hinter einem Bergmassiv, am Horizont. Heute leuchten dir die Sterne, und du schaust staunend in den dunklen Nachthimmel. Die Liebe ist anwesend und entdeckt die Lebendigkeit der Gegenwart, lebt in der Authentizität der Gegenwart. Wenn ein geliebter Mensch gegangen ist – die Liebe zu ihm bleibt. Alle

Menschen, welche dir danach begegnen, können nicht miteinander verglichen werden. Auf die Liebe kommt es an, und es kommt darauf an, dass sie authentisch da ist, dass sie sich ereignet.

GEDANKENAUSTAUSCH

Durch Leserbriefe, die ich täglich erhalte, weiß ich, wie viele einen Gedankenaustausch mit Gleichgesinnten in ihrer Umwelt vermissen. So kam ich auf die Idee, einen Briefclub für Interessierte zu gründen. Deshalb habe ich eine Adresskarte für Leserinnen und Leser dieses Buches entwickelt, die mit anderen Lesern gerne in einen Gedankenaustausch treten wollen.

Dass ein Bedürfnis danach besteht, ist aus den vielen Leserbriefen zu ersehen, die ich täglich erhalte. Ich war sehr überrascht, wie viele Leser malen, Gedichte schreiben und eigene kreative Ideen entwickeln. Sie leiden oft darunter, dass sie nur selten Gesprächspartner im Alltag finden, weil viele eine Scheu davor haben, sich zu offenbaren. Es gibt viele Menschen, die sich in unserer normierten Anpassungsgesellschaft ein eigenständiges Seelenleben bewahrt haben und weiter bewahren wollen. Darüber in Kommunikation zu treten und sich auszudrücken, das sollte auf jeden Fall gefördert werden, und zwar auch durch diesen für die Leserinnen und Leser meiner Bücher (schon 1990) ins Leben gerufenen Service.

Die Adressen werden von meinem Sekretariat in einer Datenbank gespeichert und jedem Interessenten zur Kontaktaufnahme als Liste zugesandt, nach männlich/weiblich und nach Wohngebiet, Bundesland (bzw.

Postleitzahl) geordnet. Der Empfang der Adressenliste verpflichtet zu nichts, und selbstverständlich können Sie Ihre Daten, wenn Sie nicht mehr mitmachen wollen, jederzeit wieder löschen lassen, sind auch nicht verpflichtet, alle Kontaktinteressenten anzuschreiben oder auf Briefe, die Sie erhalten, aber nicht für Sie interessant finden, zu antworten, denn der Gedankenaustausch sollte völlig frei sein und keine Verpflichtung bedeuten.

Schneiden Sie die Adresskarte aus und senden Sie sie mit einem einmaligen Beitrag für die Organisationskosten (25 Euro in Scheinen oder Scheck im Brief) an:

Sekretariat Praxis Peter Lauster
Usambarastraße 2
50733 Köln

Vorname: _____

Name: _____ Geburtsjahr: _____

Straße: _____

PLZ: _____ Ort: _____

E-Mail: _____

Hobby(s): _____

_____

_____

Interessengebiete: _____

_____

_____

_____

Ich bin damit einverstanden, dass meine Daten an Leser(innen) weitergegeben werden, die an einem Gedankenaustausch interessiert sind.

Datum: _____

Unterschrift: _____

RESONANZ

Alle eingehenden Resonanzfragebogen werden vertraulich behandelt und statistisch ausgewertet. Sie dienen der weiteren wissenschaftlichen Arbeit und geben Ihnen die Möglichkeit, Ihre Meinung zu sagen oder auch Kritik zu üben.

1. Hat Sie die Lektüre dieses Buches angeregt, Ihre Selbsterkenntnis zu verbessern?

   ○ ja   ○ teilweise   ○ nein

2. Glauben Sie, dass Sie einige Erkenntnisse gewonnen haben, die Ihnen im Alltag helfen werden?

   ○ ja   ○ teilweise   ○ nein

3. Worüber hätten Sie gerne mehr gelesen?

   ○ Meditation
   ○ Sexualität/Erotik/Liebe
   ○ Menschenkenntnis
   ○ Minderwertigkeitskomplexe
   ○ Angst, Depression
   ○ Sinn des Lebens
   ○ Selbstbehauptung
   ○ Konfliktbewältigung im Alltag
   ○ Motive menschlichen Verhaltens

4. Eigene Vorschläge: _____

_____

_____

_____

_____

Vorname: _____

Name: _____ Alter: _____

Straße: _____

PLZ: _____ Ort: _____

Beruf: _____

Senden Sie das Original oder eine Kopie
des Fragebogens bitte an:

Peter Lauster
Usambarastraße 2
50733 Köln

Oder faxen Sie: 0221/7605895

INTERNET-DISKUSSIONSFORUM

Wenn Sie mit Leserinnen und Lesern dieses Buches diskutieren möchten, dann gehen Sie im Internet auf die Homepage des Autors: www.peterlauster.de. Dort gibt es zwei Diskussionsforen.

LITERATURHINWEISE

Weitere Bücher von Peter Lauster, die mit dem Thema dieses Buches in Verbindung stehen.

Aus ganzem Herzen leben – Folge deinen Gefühlen. Bergisch Gladbach 2001.
Lebe leicht und frei – ... und niemand kann dich aufhalten. Bergisch Gladbach 1999.
Stark sein in Beziehungskrisen – Wie man Partnerprobleme löst, ohne zu verlieren. Bergisch Gladbach 1997.
Ausbruch zur inneren Freiheit – Mut, eigene Wege zu gehen. Düsseldorf 1995.
Liebeskummer als Weg der Reifung. Mit 21 Aquarellen des Autors. Düsseldorf/Wien/New York 1991.
Die sieben Irrtümer der Männer. Düsseldorf/Wien/New York 1987.
Flügelschlag der Liebe – Gedanken und Aquarelle. Mit 32 vierfarbigen Aquarellen des Autors. Düsseldorf/Wien 1986, Neuauflage 1994.
Wege zur Gelassenheit – Die Kunst, souverän zu werden. Düsseldorf/Wien 1984.
Die Liebe – Psychologie eines Phänomens. Düsseldorf/Wien 1980.

Ängste überwinden und Freiheit finden
Leichtigkeit macht stark

Peter Lauster
LEBE LEICHT UND FREI
… und niemand kann
dich aufhalten
288 Seiten
ISBN 978-3-404-66379-8

- Schluss mit der Anpassung, denn Selbstverwirklichung ist kein Egoismus
- Von der Fremdbestimmung zur Selbstbestimmung
- Lass dich von niemandem dressieren
- Von zerstörerischen Blockaden zur Kreativität
- Das Gleichgewicht der Gelassenheit macht dich frei
- Liebesfähig zu sein ohne alle Erwartungen ist das Wichtigste
- Der weitverbreitete Glaube an die Allmacht der Vernunft ist ein Irrtum
- Emotionen sind keine Schwäche, sondern Stärke

Bastei Lübbe Taschenbuch

Finden Sie den Weg aus der Erfolgsfalle heraus zum Glücklichsein

Peter Lauster
AUS GANZEM HERZEN LEBEN
Folge deinen Gefühlen
320 Seiten
ISBN 978-3-404-66393-4

Wer Erfolg hat, hat Glück, das flüstert uns täglich der Zeitgeist in allen Medien ins Ohr. Zwischen Glück haben und glücklich sein besteht aber ein sehr großer Unterschied.

Peter Lauster beschreibt in seinem Buch, wie man aus der Sackgasse von Konsum, Fitnesswahn, Leistungszwang und Habenwollen herausfindet und zum elementaren Glücklichsein gelangt, also zu sich selbst, zum eigenen Ich, das es zu erkennen und zu entfalten gilt.

Bastei Lübbe Taschenbuch